我的语文观

梦山书系

管建刚 著

海峡出版发行集团 | 福建教育出版社

图书在版编目（CIP）数据

我的语文观 / 管建刚著. —福州：福建教育出版社，2017.7（2021.10 重印）
　ISBN 978-7-5334-7715-8

Ⅰ. ①我… Ⅱ. ①管… Ⅲ. ①小学语文课－教学研究 Ⅳ. ①G623.202

中国版本图书馆 CIP 数据核字（2017）第 096720 号

Wo de Yuwen Guan

我的语文观

管建刚　著

出版发行	福建教育出版社
	（福州市梦山路 27 号　邮编：350025　网址：www.fep.com.cn
	编辑部电话：0591-83726908
	发行部电话：0591-83721876　87115073　010-62027445）
出 版 人	江金辉
印　　刷	福州报业鸿升印刷有限责任公司
	（福州市仓山区建新镇建新北路 151 号　邮编：350082）
开　　本	710 毫米×1000 毫米　1/16
印　　张	11.25
字　　数	172 千字
版　　次	2017 年 7 月第 1 版　2021 年 10 月第 3 次印刷
书　　号	ISBN 978-7-5334-7715-8
定　　价	25.00 元

如发现本书印装质量问题，请向本社出版科（电话：0591-83726019）调换。

目 录

No.1：

给小学语文考试把把脉——1

No.2：

对当前作文教学几个误区的破解——7

No.3：

作文革命——十大"作文意识"谈——14

No.4：

我从不上作前指导课——26

No.5：

《一个快乐的人》作后讲评实录——35

No.6：

"发现"重于"观察"——44

No. 7：

　　小学生作文常见的六种"口语"病──50

No. 8：

　　"故事力"：儿童作文的核心素养──55

No. 9：

　　教给学生更有价值的10%──61

No. 10：

　　"指向写作"的阅读课──67

No. 11：

　　或有不同，热爱相同──75

No. 12：

　　精彩对话是这样"炼"成的
　　　　──"记一次争吵、争论、辩论、对话"作文讲述实录及反思──81

No. 13：

　　我的写读史──91

No. 14：

　　寻找阅读的专业属性──99

No. 15：

　　"自己的话"写"自己的事"──105

No.16：

从"学科教学"到"学科教育"——112

No.17：

构建"指向写作的阅读课"的理论思考与实践探索（一）

　　——指向写作的阅读课答疑——118

No.18：

构建"指向写作的阅读课"的理论思考与实践探索（二）

　　——指向写作的阅读课答疑——127

No.19：

指向写作：《水》读写课堂

　　——《水》教学实录与评析——139

No.20：

作文教育的10组哲学追问——151

附录1：

《评价周报》引爆"作文教学革命"/杨小飞——158

附录2：

《作文月报》的校际联动实验/景洪春——164

后记：

感——170

No.1：

给小学语文考试把把脉

对于面广量大的一线教师来说，考试这根指挥棒是最有效的指导性武器，考试棒指到哪里，老师往往就教到哪里。因此研究考试，研究考试在教改之路上出现的问题并拿出相应的对策，对语文教学改革与发展至关重要。本文就目前大家比较关注的小学语文考试中的"阅读理解""语言表达"和"语言积累"三大块，谈些认识。

一、阅读理解要"减肥"

笔者调查了解到，学生在语文考试中怕的是阅读理解，老师们最担心的也是阅读理解。阅读理解为什么如此可怕？我查阅了几份小学语文调研卷，发现阅读理解的失分率最高。失分为何高？这就有必要介绍一下阅读理解的考查题型：①看拼音写词语；②写近义词、反义词；③填关联词语；④组词；⑤填标点符号；⑥解释词语；⑦给短文加题目；⑧仿照文中句式写话；⑨找出文中某一段话中的错别字；⑩根据文中句子选合适的词语；⑪说说文中开头或结尾等的写作方法；⑫把文中带问号的句子改成不带问号的句子；⑬把文中不带问号的句子改成带问号的句子；⑭把文中的某句话改成转述句；⑮写出几个如文中 ABAB 之类的成语；⑯文中所举的名著，要求写出它们的作者；⑰诸葛亮复姓"诸葛"，你还能写出哪些复姓；⑱短文是《三国演义》中的一个故事，你还知道《三国演义》中的哪些故事；⑲画出文中的过渡句；⑳请想象一下，第二天会发生什么……这里笔者所列举的只是这几份试卷中的题目，随短文内容不同，相信会有更加五彩缤纷、丰富多样的题型。如此种类繁多的题型，学生害怕、教师头疼是在所难免了。

考试作为检查教学质量的基本手段，有着无可替代的重要性。阅读理解作为语文素养的重要项目，必然要考，问题是阅读理解到底该考查什么，这是摆在我们面前迫切需要解决的问题，这个问题不解决，这个导向不明确，"阅读理解是个筐，什么题型都往里面装"，那么，老师们就很难有的放矢地进行阅读能力训练与培养，只能迷雾里摇船——跟着感觉走。其实就上面笔者罗列的20种题型，仔细一想，很多题型并不是考察阅读理解能力，有的是考查学生的语言积累，有的是考查学生的课外知识，有的是考查学生的写作知识，有的是考查句型变换。面对层出不穷的题型，教师只能让学生做各种各样名目繁多的阅读题，以求让学生能够熟悉题型。因为小学生毕竟是小学生，他们对题目的读取能力是有限的，对于做过的相类似的题目，往往能做得比较好，对于从没遇到过的题型，相当部分学生会束手无策。

阅读理解需要全面"减肥"，不然，阅读理解非死于"浮肿虚胖"不可。阅读理解重在考查学生的阅读理解能力，我们必须抓住阅读理解的核心能力去考查。那么，阅读理解该考查学生的哪些核心能力呢？笔者以为主要有四个核心能力：①联系上下文理解词语的能力。在日常生活阅读中，常会遇到一些不理解乃至不认识的字词，我们一般也不去查阅字典，而是根据上下文来判断这个词的意思，以达到理解这句话的目的。这个能力必须具备。②联系上下文或生活经历，理解具有一定内涵的句子。好的作品，好的语言，往往具有"言外之意"，一个好的读者，必须能够理解这些重要的句子，只有理解这些句子，才能算真正把文章读懂了。③概括能力。学生读一篇文章，需要对文章有一个整体的把握，就像看一头大象，要看到它的整体面貌，而不能盲人摸象那样，只"看"到它的鼻子或者腿。④听读能力。学生课堂上不能专心听讲，生活中的很多人不善于听取信息，这与我们不重视听读能力的训练有重要关系。生活中的很多信息往往一闪而过，不注意听中吸收，遗憾就造成了。听读能力可以像英语一样，教师读一段话，让学生把听后吸取的信息或主要内容写下来，或者把想到的、思考到的写下来。

以上四种能力是阅读理解能力中最重要的，也是目前学生普遍缺乏的能力。阅读理解只有删繁就简，教师教学的时候才清楚、明白，教学中才能有针对性地进行阅读能力的训练，学生的阅读能力才能得到有效提高。

二、"语言表达"的考查要"综合治疗"

考查学生的语言表达能力主要有以下几种题型：①修改；②应用文；③作文。应该说这几种题型比较全面地考查了学生的语言表达能力。它的问题在于变味。比如说修改，如果从学生的作文中找来一些典型病句、病段，让学生加以修改，未尝不可。然而出题者大都是从一些题库中提取，比如"我们要端正学习态度和目的"一句，学生如果没有做过这个句子，如此抽象的具有成人口吻的病句，学生是很难改得出来的。教师为防止出现这种情况，只能进行"题海战术"。再谈应用文，学习应用文本意是好的，让学生学习生活中常用的一些文字表达的形式，比如请假条、留言条之类，这些应用文在我们那个小学时代的确起着"应用"的作用，但是时代发展到了电话家家通、手机户户有的今天，请假条和留言条已经在生活中逐渐被淘汰。今天，正在被广泛应用的求职信、自我推荐书、竞选稿之类的应用文，在小学语文教学与检测中却迟迟不见露面。

语言表达中的大头是作文。记得小时候常感叹"作文难，难于上青天"，但是现在的学生和教师都不大担心作文考试，显著的例证是，期终复习最淡化的是作文。当然，这有着作文非一日之功的原因，但在我看来这里有着更为现实的原因：①小学作文命题缺少研究，命题限制较大。据调查，学生考试时用在作文上的平均时间只有半小时左右，这就导致学生最终写出来的作文都差不多。②教师的作文评价能力参差不齐，有的把好作文当差作文，有的把差作文当好作文，作文优等生得个平常分纯属正常。作文衡量标准由着批卷老师个人喜好，主观性强，导致作文评分无法公平公正。③作文阅卷时间有限，存在着教师"粗略有大概，随手给个分"的现象。④考试成绩最终是要向社会交代的，语文试卷出难了，教师往往会在作文上调节——把作文得分上调一个档次，以保持整体语文教学成绩优良。以上几大原因，使作文沦为"食之无味"的"鸡肋"。作文教学，实际上已沉沦为语文学科最薄弱的一环。君不见当前语文教学观摩活动很多，但几乎清一色是阅读教学，作文教学少之又少。很多教师对作文教学，只强调学生习作套路整齐，结构完整，这样分数肯定差不到哪里去。要教会学生一两个作文套路，是不需要花太多时间精力的。再说，如果学生创新，保不准会被某阅卷教师视为异端，那就完了，这是对作文教学的有力嘲讽。

面对以上种种情况，我认为语言表达的考查要"综合治疗"：①修改病句病段可以动手术割掉它。学生的病句病段的修改能力，应该能从作文中看出，一个作文能力强的学生，必定有着良好的修改习惯，无需单独考。②应用文要大换血。用富有时代气息的应用文换取过时的应用文，这就涉及教材的问题，但是作为学校和地方教育行政主管部门，应该具有超越教材的意识和行为。③作文命题要有"维生素"。作文命题要让学生有比较大的选择空间，让学生的作文生命得到绽放，要从"有意义"走向"有意思"；从"有思想"走向"有观点"；从"健康向上"走向"实话实说"。④阅卷教师要"透析"，不是所有教师都具备作文评价的能力和素质的，学校可以选拔部分教师批阅作文，批阅前共批几篇习作，达成较为一致的衡量标准；另外，要让教师有足够的时间批阅作文，小学语文考试毕竟不像中考、高考有批卷时间的严格限制。

三、语言积累要"进补"

语言积累的考查，争论的焦点是该不该考"背自己喜欢的段落"。反方认为"背自己喜欢的段落"表明学生之间所背内容不相同，如果试卷上有此习题，势必会导致教师把背"喜欢的段落"提高到全要背、都要背。正方认为如果不纳入考查的话，那么就会产生教师不管不问、学生也容易挑最简短的一段应付了事。在我看来，"背自己喜欢的段落"不应该是完全放纵，一个教师上了这篇课文，应该让学生喜欢上该喜欢的段落，如果一些文质兼美的段落，学过之后，学生不喜欢，那么教学本身肯定有些问题。一句话，学生

"背自己喜欢的段落"应在教师的教学暗示中得到调控，由此，学生背诵的段落是相对集中的，集中点就是教师的教学重点。我们在调研"语言积累"一块时，都要放上几个不要求背诵的重点课文的重点段落，让学生填空。比如"我们要铭记'滴水穿石'给予我们的启示：只要（　　）而不三心二意，（　　）而不半途而废，就一定能实现我们美好的理想"一题，如果学生学了《滴水穿石》一文后，连这句话中的两个词语都不能填出来，那么这篇课文能否说读熟了？"以读为主"的理念是否得到真正落实？这些都得打上个大问号。

在我看来，学生学了一年又一年的语文，语文素养却得不到明显提升，根本原因是缺乏大量的语言积累。目前语文教学提倡"读中感悟"，把工夫花在感悟上，一些课文学生得到了感悟却忽略了语言本身。这些课堂上，虽然传出了琅琅书声，学生都没有"诵记"意识，读书时像小和尚念经那样有口无心，读了一年书，脑袋里收获不了几个语言，又怎么会长进？没有一个语言大师不是在大量积累语言上下过苦功的，茅盾先生背《红楼梦》就是一个绝好的例子。新东方学校俞敏洪先生说国人到美国最难过的是英文写作关，但有个中国学生到了美国后，他的英文文章好得让美国教授不相信出自他手。教授问他学习英文的秘诀。中国学生说，这完全得益于他背了两本《新概念英语》，两本书他背得滚瓜烂熟，熟到你说出一句，他能随口说出上句和下句，于是他的英文写作能力非常棒。英文是美国人的母语，中文是中国人的母语，两者的学习是相通的，那就是要大量诵记。最近有一学生在省级刊物发表习作《周庄朗月》，它是模仿《三亚落日》写的——《三亚落日》是篇要求全文背诵的课文。模仿是作文的重要方式之一，模仿的前提是学生心里要有很多值得模仿的好篇章，没有相当数量的、熟记到心里去的好篇章，绝不能产生呼之欲出的创新性模仿。那种把作文书放在旁边的模仿是僵化的模仿，是语言学习中要摒弃的。怎样才能使学生心里有很多值得模仿的好篇章？我以为，那就要求语文教师时时注意培养学生积累语言的能力与习惯，每一堂课都要注意引导学生诵记更多的好语言，进而使学生养成背诵好语言的习惯——看到好的语言，感觉自己像被粘住了，离不开，非要熟读乃至背下来才罢休。从这个意义上讲，语言积累如果停留于教材规定的底线，其他的可有可无，必然会使相当多的学生"吃"得不够，需要"进补"。

语言积累可以从以下三方面去"进补"：①对重点课文的重点段落，要熟读成诵，考试中有所体现。②加强古诗文的积累。③加强成语的积累。成语和古诗文一样，是我国传统文化的瑰宝。

本文刊载于《江苏教育》2005年第22期
人大复印报刊资料《小学各科教与学》2006年第2期全文转载

No.2：

对当前作文教学几个误区的破解

一、关于作文认识

学生只知道，作文是语文一种令人头疼的作业形式，却不知，作文是一种表达，是人的另一张说话的嘴巴，是一场别具魅力的对话。

地基打好了，打扎实了，才能建高楼；地基不打好，不打扎实，一味筑大厦，那危险。写作的"地基"是什么？是对写作的认识，知道写作是怎么回事。一个不知作文为何物的人，怎么会乐于作文？怎么能写好作文？作文是什么？作文是人嘴巴之外的另一种"表达"与"交流"的方式，是语文课程标准所说的"自我表达和与人交流"。

现实是，很少有教师把让学生懂得"写作是为了自我表达和与人交流"，看成作文教学上一件最重要、最迫切的事情，绝大多数教师把它看作是写在课标上的可有可无的"空话""套话"。

科学家在思考着他认为重要的事情，三岁的小孩子也在思考着他认为重要的事情，每个人都在思考着在他看来当下最重要的事。当一个人拿起笔把某些情感、观点和故事写下来，那一定是他认为当下生命里的一个重要事件。

当学生把他认为当下最重要的情感和思想写出来，交给老师，却一次次被看作小孩子无谓的涂鸦、练习或作业，这种伤害一经成立，作文的严肃性、神圣性以及表达的快感、宣泄的快感，将荡然无存。学生怎么可能喜欢作文？学生怎么可能不"痛恨"作文？

学生真的如此"痛恨"用文字来"表达"与"交流"吗？不。几乎所有学生都喜欢手机短信，喜欢 QQ 聊天。为何喜欢？因为这个时候的文字有着别样的交流的快乐与幸福。学生一旦拥有 QQ 聊天般的作文认识，一旦以这种作文认识来实践作文，作文肯定不会成为负担——多少学生在 QQ 上聊得不肯下线！

怎样让学生认识到作文是一种表达、一种交流？目前常用的方法有：朗读学生作文，张贴学生作文，黑板报刊出学生作文。这些方法都没能有效解决学生的作文认识。为什么？没有抓住"写作本质上是一种公众的言说"的特质。当写作成为一种"公众的言说"，其"表达""交流""对话"的功能也就能轻而易举地彰显出来。

潘新和教授曾说："文章写好不等于写作行为结束，它还只是半成品，须待读者阅读之后，通过作者与读者视界的融合，才有意义的生成。写作是由作者和读者合作完成的，最终是由读者完成的。"学生的作文缺少读者，"生成"不了"意义"，这种作文怎么会使人喜欢？要使文字成为一种"公众的言说"，必须给文字一个呈现的平台。没有平台，文字只能白纸黑字地留在纸上，不能活跃于读者的视线里，活跃于读者的心头和口头。

我开始琢磨怎么改变。我依托现代化手段，创办了《班级作文周报》，每周让学生给《班级作文周报》投稿，变"作业"为投稿。学生作文发表在《班级作文周报》上，拥有一个读者群——班级同学，同学的家长、亲朋等。同学之间会有口头的对话、交流，也会有书面的"作文争鸣"，我想让学生逐渐明白，作文是拿起笔来说话，作文是人的另一张嘴巴，作文是一种表达，作文是一种交流。

当学生切身感受到作文是一种"表达"和"交流"时，他们就会形成明晰的读者意识。一个写作者，一旦有了读者意识，作文就会发生多方面的根本性变化，这也就是为什么夏丏尊先生会把"读者意识"放到写作的"最大技巧"上来谈论。

二、关于作文内容

作文没什么可写，这个问题普遍困扰着学生。却不知，写作素材无处不在，写作就是说自己的故事，宣泄自己的情感，表达自己的见闻。

不少人认为，学生生活单调，作文没什么东西可写。

粗看，这个论点有理。细想，这站不住脚。

优等生大都学有余力，有富余时间参加各类文体活动、各类竞赛，他们不缺乏故事。中等生最悠闲，没竞赛的事找他们，没管理的事等他们，也没茬儿惹老师生气，"培优"轮不上，"辅差"挨不上，中等生的生活自由度最大，自由支配时间最丰富，有那么多自由时间和空间，必然会有很多童年故事。

后进生呢？后进学生学习不好，其原因不外乎上课开小差、管不住自己，明知有作业，玩了再说。有人问某名作家："为什么你笔下都是些'坏'女人？"作家答说好女人没有故事。此话不无道理。"坏"学生总有那么多"坏"得叫人哭笑不得的趣事。后进生大都经常往教师办公室跑，与老师打交道的时间最长，课堂之外，老师的"奇闻轶事"，他们知道得最多、最清楚，这些对学生来说都是"国家级重要机密"。

校园生活表面看来风平浪静，其实校园里学生也请客送礼，课堂外学生也有交易市场，小不点的学生娃们也谈"情"说"爱"，孩子们有帮派，有迷惘有看法，有焦灼有诅咒有报复……13岁的"儿童作家"蒋方舟，用她的童年生活经历说，"这是正常的。其实他们没看到的东西多了，同学们说的话、做的事都是大人们想不到的"。

小学生作文不是没内容可写。马燕辍学，天天与农活儿打交道，《马燕日记》却轰动全球。学生不是没写作内容，而是不知道，自己的困惑、迷惘、秘密、调皮、捣蛋、恶作剧，都可以成为"作文"。一直以来，我们灌输给学生的"作文形象"是，非常故事，非常意义，非常中心，非常人物，非常情感，非常思想。《语文课程标准》说："能不拘形式地写下见闻、感受和想象，注意表现自己觉得新奇有趣的，或印象最深、最受感动的内容。"一个人一生有多少"最深""最受感动"的事？何况是小学生。"最深""最受感动"之类的话语，依然给教师和学生以不可抵挡的误导。

要使学生懂得作文就是"我手写我心"，让学生写自己想说的话，愤怒也好，不满也好，羞涩也好，疾呼也好，感谢也好，道歉也好，后悔也好，要给学生尽可能大的"写什么"的空间。

有了《班级作文周报》这个平台，事情就好办了。我着力刊发学生写自己的故事、自己的心情、自己的观点的习作，学生自然就朝着这方面去选择写的内容。学生一旦将习作的眼光投向自己的童年时，就会发现新大陆般发现一个巨大的习作空间。

我让学生写"每日简评"，顾名思义，每天简要记录一个故事、一种心情、一个观点，为"写什么"构建一个宝库。当学生不再困于"无米之炊"，当"写什么"得到解决时，你会惊奇地发现，学生作文的重心，自然而然地从挖空心思编"故事"，转为煞费苦心想"表达"。这就进入了作文的斟酌、琢磨阶段，这是一个千金难买的写作转变。

三、关于作文动力

学生感受不到作文带给他的快感，总觉得写作是苦事、累事，却不知，写作是才华的展现，是尊严的捍卫，是存在的证明，写作充满激动。

爱默生说，思考是世界上最辛苦的事。写作是思考中的思考，辛苦中的辛苦。为何还有那么多人为写作痴为写作迷？写作能给人带来什么？写作能带给人尊严与荣耀，写作能展现人的才华，捍卫人的尊严，证明人的存在。

我们的学生在多年学写作文的过程中，感受到的是作文的"苦"、作文的"累"，很少甚至基本没有感受到作文带给人的那份欣喜和激动。写作最初的，也是最激动人心的欣喜和激动在哪里？在"发表""获奖"。

发表，既表明写作者的才华被认可，又象征着写作者获得了公众言说的权利。一个写作者最大的荣耀，莫过于拥有在公众面前言说的能力和资格。绝大多数写作者的主要目的，就是要拥有在公众面前言说的能力和资格。一个写作者看到自己的文字和名字出现在报刊上，既兴奋，又激动。这兴奋、激动，一方面是发现自己拥有了另一种说话的方式，这种说话方式能使作者发出更广阔、更洪亮、更久远的声音，伴随而至的，还有取得这种别样的说话方式的权利感、获得感、快慰感、成就感。这种权利感、获得感、快慰感、成就感，刺激着写作者以更好的姿态去写作。

"发表，是言语学习的'成功'教育，它给人以'高峰体验'，它会影响人的一生。一旦习作成为指向发表的写作，成为学生自我表现和个性发展的主要形式与方式，学生通过文章的发表，源源不断地获得写作的动力和能源，写作教育就将形成一种良性发展的内在机制。"福建师范大学潘新和教授如是说。

"一个合格的作文指导老师，不应该把力量都放在'指导'学生如何写作文上，他至少应当分出一半力量来研究一下如何'发表'这些作文。"作家尚爱兰回顾女儿蒋方舟的成长历程说。

在我看来，作文教学得不到突破的一个要因是，学生从来没有体验到作文作为"一种公众的言说"给人带来的自尊与自豪、精彩与激荡。学生的作文，只有一个读者——老师，并且，这个有点居高临下的读者，也往往一读了之。

要让每个学生都享受到公开发表的快乐，让每个学生都持续地享受到公开发表的快乐，这似乎是遥不可及的天方夜谭。其实不然，看你如何理解"公开发表"，所谓"公开发表"，可以理解为在某个群体里的公众言说。教师发表教育教学文章，那是在教师这一群体里的公众言说；医生发表医学论文，那是在医生这一群体里的公众言说；学生在《班级作文周报》上发表习作，对他来说，就是一次"公开发表"。对学生来讲，班级是他们最重要的生活区域。

我每周出版一期《班级作文周报》，每一期发表1/3左右学生的作文，有规律地持续发表，给学生注入了有规律的持续精彩和持续荣耀。学生每发表一篇文章，我颁发一张"刊用纪念卡"，三张"刊用纪念卡"换"作文新苗"荣誉称号，再有五张"刊用纪念卡"换得"作文小能手"称号，再有七张"刊用纪念卡"，获得"班级小作家"称号，再在《班级作文周报》上刊一期"个人专刊"，获得"班级诺贝尔文学奖"。这一次又一次的、阶梯式的、每个人只要努力一把就能获得的奖,同样也给学生的写作注入了鲜活动力。

苏霍姆林斯基说:"教育不在于教给学生多少知识,而在于唤醒、激励和鼓舞。"基于"发表"和"获奖"下的作文教学,就是在唤醒学生对作文的认识,激励学生在与同学的竞争性写作中获得双赢,不断鼓励学生、鼓舞学生向着作文的"青草更深处漫溯"。

四、关于作文修改

很多人奉"多读多写"为法宝,却不知唤醒与激励学生主动修改的价值有多大,主动修改是一种写作品质,一种精品意识,一种自我超越。

"文章不厌百回改""文章是改出来的",作文要多改、反复改,道理简单、明了。《语文课程标准》说得也很清楚:"重视引导学生在自我修改和相互修改的过程中提高写作能力。"要让学生在修改中学会修改,在学会修改的同时,提高作文的斟酌、锤炼、精打细磨的功夫。

作文教学的第一关键,是唤醒学生的"我要写";第二关键,恐怕是要唤醒学生的"我要改"。修改符号、修改方法的教与授,不难。难的是学生主动投入的自主修改。语文老师大都有这样的体会,让学生自改作文,学生往往不肯用心改,作文本发下去,收起来一看,少有改出水平的。学生没有"改"的主动性、积极性,没有一种追求完美的写作品质,没有一种不断超越自我的写作向往,没有一种要将作文打磨成自己的精品的意识。

我创办《班级作文周报》,学生向《班级作文周报》投稿,在竞争性发表的刺激下,我推出了以下"改"的时机和策略。

周一晨读时,学生互改作文,这是学生向《班级作文周报》投稿前的最后一次修改,这次修改的质量,与稿件能否录用有着密切关系。加上我推出"录用一篇修改最认真的习作"的活动,学生修改时很投入,有时修改后增补的内容,超过了原稿。

周一录用的2/3的学生作文,属于"初选录用"。当天,学生回家再次修改,根据修改和文章质量来确定最终录用的1/3,下发"稿件录用通知单"。学生都会认真修改,好不容易上报纸,怎么会让机会白白溜走!"树要皮,人要脸"，学生都想把自己最好的水平展示在全班同学面前。

文章被录用的学生，自行将文章输入电脑，输入也是一次修改。苏联名著《夏伯阳》的作者富尔曼诺夫，劝人任何时候也不要把文稿交别人去誊抄，要自己抄，"因为最后一遍抄写，绝不是一件纯技术性的工作，而是最后的润色"。

《班级作文周报》出版前要打印出样张，由小助手裁剪开来，分发给小作者修改。我们搞"积分活动"，作文680字，得680分，发表后，若被发现错别字、错标点、病句以及遗漏或矛盾的地方，就要根据规则扣相应的分。此时的修改，是周报出版前的最后一次修改，学生自然特别重视。自改、请小伙伴一起改，不亦乐乎。

每期周报都有四人小组负责审错查漏，错误圈画后，张贴在黑板上。作者和四人小组之间会展开一场辩论。学生间的这场关于修改的辩论，对提高学生的作文修改能力以及作文审美能力有着莫大好处

要说我教作文有什么诀窍的话，一是让学生明白作文是什么，二是解决学生"写什么"，三是让学生"我要写"，四是让学生"我要改"。一个学生一学期少则在《班级作文周报》上发表五六次，多则十来次，乘以5，每个学生都将经历几十次的"我要改"，三年六个学期下来，就有上百次的主动修改。这种修改会逐渐内化为学生的一种写作品质，有了这种写作品质，怎么能不越写越精彩？

本文刊载于《小学语文》2008年第5期
人大复印报刊资料《小学语文教与学》2008年第10期全文转载

No.3：

作文革命——十大"作文意识"谈

一、真话意识

什么是作文？作文是生命，是心灵，是情感，是尊严，是荣耀。什么是作文？作文是本真的袒露，是压抑的冲动，是秘密的公开，是温馨的表白，是内在的觉醒，是跳跃的音符。因此，作文的世界是"言"的世界，"心"的世界，"情"的世界，"人"的世界，是丰富的精神家园。拿起笔来说话，是捧起心灵的钥匙，开启心灵之窗，进行心灵的对接与碰撞。笔，是人的另一张说话的嘴巴，说班级的事，说家里的事，说心中的事，说烦恼的事，说痛苦的事，说高兴的事，说自己的事，说伙伴的事，概而言之，说真实切己的话。

我们的周报给学生搭建了一个精神交往的平台，学生敞亮多思的情怀，随着心灵的涌动、情感的喷发，飞出一个个带着体温的文字。这些文字是他们真诚的倾吐，同时期望能够得到关注与欣赏、鼓励与安慰、谅解与温暖，期望同学对此做出热腾腾的心灵回应……于是，作文有了全新的诠注：作文就是情感、心灵、思想、生命、成长，就是应试突围和人文价值的升腾，就是人的生命情怀的别样凸显。当作文带着"人"的心灵温度和思想深度的时候，文字就会渐渐焕发出奇幻的魔力，每一个使用文字的人会渐渐被文字的魔力所吸引、陶醉、痴迷。

　　触摸这样的作文、文字，就像抚摸一颗颗跳动、柔软而火热的心，带给阅读者、对话者以情感体验、思想震荡，让人强烈感受到文字所营造的精神家园的存在。在这个精神家园里，不善运用语言的，期望能够善于运用；善于运用的，期望能够用得更好——这正是作文教学一直呼唤的学生生命内部对发展作文能力的渴求。在我的实践中，这种渴求源于一个重要的背景，那就是作文成为作者乐于徜徉的一个真诚袒露自我的精神家园，成为作者与读者生命拔节时精神交往的渴望，成为生命成长时一种略带精神猎奇的刺激与享受。在那里，生命有多美好作文就有多美好，生命有多深刻作文就有多深刻，生命有多灿烂作文就有多灿烂。

　　当作文成为学生认同和接纳的一个精神交流的场所，写作就彻底改变了。写作不再是学生讨厌和痛恨的虚假、虚伪、无病呻吟，写作不再是学生的敌人，而是他们的"情人"。那里是真情，是真诚，是真意，是真切，是真挚。作文由此改变了范式，成为一场心灵的对话与独白，成为学生向往拥有的另一张说话的嘴巴，成为学生"我手写我心"的必要的交流方式。作文由此从应试的桎梏中解脱出来，成为自由的、活泼的、动人的、美好的，像小溪一样清澈欢快的事物。

二、发表意识

　　写作本质上是一种公众的言说。几乎每一个写作者都期望自己的文字能见诸报端。发表，既表明写作者的才华被认可，又象征着写作者的目的荣耀，就是想要拥有在公众面前言说的能力和资格。一个写作者看到自己的文字和名字出现在报刊上，既兴奋又激动。这兴奋、激动，是因为发现自己拥有了另一种说话的方式，而一个人的声音传得多远、多久，就证明这个人的影响力有多远、多久。同时，获得这一别样的说话方式的权利感、获得感、快慰感、成就感，又刺激着写作者以更好的姿态从事写作。

　　作为"公众的言说"的作文，展现其价值和意义的最基本也是最重要的途径是发表。专家说："这种发表的意识，言语表现，言语上的自我实现的观

15

念，要先于写作的行为技能深深根植于学生的大脑。"一个写作者不经历发表，不可能明了，作为"公众的言说"的作文会给作者本人带来怎样的美好与激动、骄傲与自尊与自信。作文是一种公众的言说，作文是一场别样的对话。作文要凸显说话的本质、公众言说的本质，就必须发表出来；文字只有发表出来，才能实现生命与生命的对话，人，也只有在这样的对话中才能得到文字的滋养和浸润。学生以投稿的方式进行写作，学生的文字和名字时常出现在报刊上，学生就会真切感受到：作文是以发表的形式进行别样的说话，排解心灵的压抑，展现内在的才情，获得发表的刺激、公众言说的快感。

  我创办《周报》，让学生在"自己的"报刊上不断发表作文。一个人如果总是处于某个相对稳定的群体之中，那么这个群体对个体的评价和看法，会产生直接而巨大的影响。对学生而言，班级是他们生命中最为重要的、相对稳定的生活世界，同学、伙伴的评价和看法，将直接影响他的学习状态和生活质量。某位同学若接二连三在《周报》上发表文章，班上的同学必然会对他刮目相看，他也必然会很快乐地产生强大的写作信念和强烈的写作欲望，哪怕他曾是写作上的困难生。一个人生活在集体中，若得不到在集体中说话的权利，那将是一种非常糟糕的生活状态。从内在的需要来看，从每个学生向往尊严和美好的心态来看，他们都期望能够获得这种说话权，因为人不只是为了"活着"而活着，每个人的内心都有一个期盼，那就是人还要活得有尊严、有风采、有价值。当作文成为这样一种生命活动的价值取向的时候，学生必然会去"追逐"它。发表，对于写作初期的人（对绝大多数的人可能是终生的），是写作最重要的内在动力。

三、读者意识

  没有读者也就没有作者，作者最终是为读者存在的，作文最终也是为读者存在的。一篇文章落下最后一个标点，并不表示写作历程的终结。这个时候，文章的价值和意义还没有产生，一篇不产生价值和意义的文章，是无法唤醒人的写作责任感、光荣感和使命感的。文章最初是由作者写的，但它的价值和意义却是由读者来完成的。写作教学得不到根本突破的原因之一，是我们没有或者说没有很好地践行：没有读者的写作是没有生命的写作，没有读者的写作教学是没有生命的教学。学生也从来没有体验到来自读者所生成的文章的价值和意义带来的无上光荣；学生的作文没有读者，唯一读者是教师，一个霸权的评判者。学生的作文被看成是作业、练习，不被看作是有分量、有价值、有读者要去阅读的文章。科学家在思考着他认为当下最重要的事情，十来岁的小孩子也在思考着他认为当下最重要的事情，每一个人都在思考当下最重要的事。当学生把他认为当下最重要的情感和思想写出来，交给老师，却被当作小孩子无所谓的涂鸦、练习和作业，这种伤害一经成立，作文的严肃性、神圣性和幸福感也就从学生心灵深处一点一滴地分离、抽去、剥落。缺乏读者的作文教学行而不远。

　　白纸黑字的作品是"死"的，当作品和读者见面，读者就给作品注入了生机，同时也给作者注入了生机。每个周末，一发下《周报》，吵闹的教室马上安静下来，大家都在仔细阅读，这种阅读使每一个作者都清楚地感受到了读者的存在：每一个同学都是他的文章的读者。同学、伙伴读后必然会出现对话，有口头的也有书面的，有肯定的也有否定的。无论哪一种对话，都会使小作者强烈地感受到：我是作者，我的作文有读者。

　　一个真正的写作者的读者意识会变化。你给校报写文章的读者假想，与给市报、省报写文章的读者假想是不一样的；你给一线教师写文章的读者假想，与跟专家讨论、商榷时写文章的读者假想是不一样的。不仅要让学生有读者意识，还要让学生感受到这种读者群的变化。我经常让学生将《周报》送给平行班的学生和老师，送到教导处、校长室，邀请家长一起来阅读，还将每一期佳作投给报刊社，目的是使学生感受到，我们的读者不只班上同学，还有很多潜在读者。这个意识一旦苏醒过来，学生的写作行为就会呈现出自我的"读者关照"，学生在写作中，会自觉地以虚拟读者的形象来审视自己的写作。这，大概就是夏丏尊先生把"读者意识"看作是写作上的重要技巧的缘故吧。

　　有了发表，才有真正意义上的读者；有了读者，才有真正意义上的读者意识。有了读者意识，改变的不只是作者的写作视角与技巧，作文所蕴含的丰富的、渴望用文字进行交流与对话的写作热情，也将注入作者的灵魂里。

四、作品意识

一个小孩子搭好了自己的积木，会无比欣悦地站在一旁欣赏，并不断调整，因为这是"他"的"积木"，"他"的"作品"，"他"期望自己的"作品"能够完美起来。当学生将自己的作文看成是自己"生"出来的孩子一样，就会努力地呵护她、保护她、完善她，作文过程就会变得心甘情愿、殚精竭虑、乐此不疲。当然，这个"作品"不是指学生的作文要达到作家水准的"作品"。每一个人的写作都有自己当下的"作品高度"，学生的每一次写作也有自己当下的"作品高度"，它不是一种对比，而是一种"自比"。一个大作家在创作时依然废寝忘食、孜孜不倦，他的"作品意识"在告诉他、告诫他，你必须达到乃至超越自己当下的"作品高度"。一个有了作品意识的作者，会聚精会神、全力以赴对待写作，会把写好当下的文字、把当下的文字写得尽可能地好，看成自己当下的第一追求。一个不喜欢作文的学生，或者说没有"作品意识"的学生，将作文看成外加于他生命的赘品，而不是内在于他生命的作品。办《周报》，就是要将学生的文字当作品，并以极大的热情来成就作文的作品形态。它为每个学生成功搭建了一个不断将"丑小鸭"变成"天鹅"、将"作文"变成"作品"的平台。但最大限度的，每期《周报》也只能将全班同学 1/3 的"作文"变成"作品"。资源有限促进竞争。而写作是需要竞争意识、精进意识和精品意识的，不然作文水平就无法提高，作者也无法不断从竞争取胜中获得话语权。这些意识合起来，就是作品意识。

有了"作品意识"，学生会不断叩问自己的文字，以读者、编者和作者的三重眼光来审视它、挑剔它，他会对自己的文字有一种医生般冷静的爱，在这种"冷爱"之下，他会主动地拿起笔来，不断地念、念、念，改、改、改。作品意识是可以培植的，培植的起点和要点是"主动修改"。学生在《周报》上每发表一篇文章，都要经过五次主动修改：①周一晨读互改，这是学生向《周报》投稿前的最后一次修改，大都会很专注。②周一初选录用 2/3 的作文，根据学生的修改情况，第二天终选录用 1/3 的作文。③学生将录用的文章输入电脑，输入过程也是修改过程。④周四打印出当期样张，由小助手剪开、分发给小作者，做出版前的最后一次阅读、校正和修改。每一个作者都希望能将自己最美好的一面展现出来，修改自然很投入。⑤《周报》出版后，由四人小组用红笔圈查疏漏后张贴在黑板上。小作者总要去看去争论，这是他的作品呀。

不管自己的孩子长得多丑或多美，每一个母亲都会尽量地将自己的孩子打扮得美些、可爱些，因为孩子是母亲的"作品"。当学生将自己的文字、文章看成自己的作品、自己的孩子，写作及写作教学一定会有重大突破。

五、动力意识

在我看来，写作教学不在于教给学生多少写作知识，而在于唤醒他们用笔说话的愿望，激发他们用笔说话的热情，坚定他们用笔说话的意志。学生写作需要持久而强大的动力。真正的写作动力来自内在的写作需要。以完成作业、不受教师和家长的批评与责骂的写作需要，仅是生理安全和心理安全的需要。《周报》背景下的学生写作是为了发表，为了获得话语权，体验成功感和快慰感，将童年留驻在文字的世界里，这是自我价值实现的需要。人不只为肉体活着，更为精神活着，为光荣与梦想活着。当失去一个东西会影响到人的生活的时候，人就会努力地去得到它；当一个东西能够给人带来荣誉的时候，人就会努力地去追求它；当作文带给学生生命的荣耀的时候，学生就会自觉地想写、要写。发表的光荣与梦想，是巨大的写作动力源。

然而，发表次数一多，刺激一多，写作动力会渐渐弱化。为此，我以《周报》为基本平台，构建了三大"写作动力活动"：①"等级评将"。学生在《周报》上发表一篇文章，就获得一张刊用纪念刊；获3张"刊用纪念卡"，命名为"作文新苗"；"作文新苗"发表5篇文章，命名为"作文小能手"；"作文小能手"发表7篇文章，命名为"班级小作家"；"班级小作家"出个人专栏2次，正式报刊发表文章1篇，获"班级诺贝尔文学奖"称号；"班级诺贝尔文学奖"获得者，可面向全校出版1期"个人专刊"。②"积分活动"。由三部分组成，一是基分，即作文有多少字得多少分；二是扣分，作文发表后若被同学查出错别字、错标点以及重要疏漏，要从"基分"中扣分；三是加分，每月"点题征文"获奖、每月写完一个周记本、每月阅读课外书籍、作文被评为佳作，都有加分。③"稿费活动"。学生在《周报》发表1篇文章，获得相应的"稿费券"，"稿费券"积攒到一定数目，可向教师换取同等价值的课外书。

一个人的内在写作动力往往需要外部动因的激活，小学生更是如此。如果说发表点燃了学生的写作欲望，那么三大"写作动力活动"则激励和维持了学生的写作热情。

六、发现意识

优秀学生大都学有余力，有富余时间参加各类文体活动、竞赛，他们不缺写作之"米"。中等生，培优轮不上，辅差挨不上，自由支配时间最多，故事也多。后进生总有那么多"坏"得叫人哭笑不得的"趣事"，他们经常要到教师办公室，老师的"奇闻轶事"他们知道得最多。因此，学生生活表面看似风平浪静，内里却激流涌动、波涛汹涌……人只要活着，就有自己的生活，就有写作的素材。问题是学生不知道这些平常的身边事就是写作的源泉。他们的眼睛看到了这些事，耳朵听到了这些事，但心灵却丢失了这些事。观察主要依赖人的感官体验，发现主要依傍人的心灵。一件事情有没有意思、值不值得回味与记录，起决定因素的不是事件本身，而是心灵感受。发现意识的内涵，是要帮助学生修炼出一双内视的眼，在心灵的世界里回望与咀嚼。发现，是视觉的突破，也是观察的突围。

作者大都是在他发现有意思的事、物、人之后，才会集中注意力来观察。观察是发现之后的一个辅助手段，而不是唯一的手段。世事稍纵即逝，很多时候当你觉得有意思了，世事本身已消失得无影无踪。这个时候不能借助于细致的观察，而要借助于生活的经验，借助于想象，用想象来合成。"观察"不等于"发现"，把"发现的眼"窄化为"观察的眼"，是写作教学的一大误区。每个人都有两个自我，一个是外在的、社会性的、变形的我，一个是内在的、本质的、真实的我，就是心灵，就是生命的核。学生有了"发现意识"，就会去关注自己丰富的内心世界，把心灵活的世界捕捉下来，呈现出来，就会觉得写作是与自己的精神相呼应的，作文是可以抵达心灵的。

我有个不起眼的小招儿："每日简评"——学生每天用三五句话简要记一件事。"好记性不如烂笔头。"这三五句话虽是模糊记忆中的一个线头，但这线头能领着人走向记忆的绿色通道，随时提取存储于脑海中的生命印记。"每日简评"有多种形式交替练习：①自由型，即学生自由积累发现的素材。②全收型，即一周"每日简评"的主题由教师定，所有学生都写同一个话，如"我为班级做点事""调皮鬼的调皮事"。③半收型，即由学生自己定一周"每日简评"主题，每个学生的主题都不一样，但又都有一个连续观察、体验的对象与话题。④活动型，即一周搞一个活动，如每天带一个生鸡蛋在口袋里，每日记录护蛋情况。教师批阅"每日简评"，打上等第，是"借"给学生一双发现的眼，帮助学生发现并获得属于自己的独特的发现区域和写作视角。这个"借"是一根拐杖，它的最终目的是让学生扔掉拐杖，学会自己行走。

七、个性意识

作文个性是怎样"长"出来的？自由。诺贝尔文学奖获得者捷克斯洛伐克诗人塞弗尔特说："我为感到自由而写作。"写作没有自由，这个世界将失去无数优秀的作家，也将失去无数优秀的作品。让学生自由地写作，就像大自然的树一样自由地生长，是松树就长成松树，是柳树就长成柳树，是樟树就长成樟树，是榆树就长成榆树，各种各样的树，各种各样的姿态。应试作文则是强拉着"树"往这边长，不能往那边长；这里要粗一点，那里细一点；这里要弯一点，那里要直一点。学生不是想着要把自己的话说出来，要表的情表出来，而是如何按要求生产作文，结果，文章中的笑是机械的，哭是机械的，妩与媚也是机械的。如此作文，何谈个性？

没有语言的自由就没有作文的个性。语言的自由往往表现为语言使用的自由。有人认为，小学生大都有两套语言体系，一套是公共话语体系，是对有敬畏感和距离感的人，如对教师和严厉的父母说的话，它有着四平八稳的老成，却都是些无奈的言不由衷的话，不率真的话；另一套是私人话语体系，是对亲切的、平等的人，如小伙伴和亲切信赖的大人面前的海侃神聊，说的是实话，原汁原味的"童话"，是心里怎么想就怎么说的话。很多学生不敢用属于自己的私人话语体系作文，每次作文，他们都得暂时扔掉自己熟悉的私人话语体系，搜肠刮肚地搬那套自己不熟悉的公共话语体系，这犹如一个习惯用右手写字的人，偏偏要用左手，不仅滑稽可笑，而且费力不讨好。当学生明白写作就是用自己的话语体系来说自己的事儿，你就能读到充满童真与个性的话语，那是没有伪装与刻意修饰的声音，是孩子用自己的声音说出来的话语，天然、清新。作文教学只有让学生走出公共话语体系，进入私人话语体系，语言才会充满个性。让学生用自己的嗓音去歌唱，用自己熟悉的话语体系来写作，是小学生作文教学的起点和支点，也是我办《周报》选稿时最重要的实践理念。

必须明白，对学生语言上的导引，绝不是叫学生丢开已有的私人话语体系，重新打造一套带有防护罩的话语体系。首先要让每个学生的私人话语体系自由生长，然后才是下一步工作，即引导学生对原有的私人话语体系进行改良、发展和创新，这一过程包括私人话语体系和阅读话语体系、公共话语体系的交叉、渗透、活化融合，逐渐孕育出走向成熟的个性化语言以及个性表达。小学生的语言个性培育的着力点应是：①保护，让学生敢于用自己的嗓音歌唱。②尊重，对学生的歌唱以欣赏的眼光去倾听，尊重其语言中的残缺之美。③宽容，对私人话语中的病误或怪异，不用放大镜，不小题大做。④鼓励，即肯定学生的个性化表达，激励他们朝此方向努力。

八、诗外意识

语言是人类漫漫历史长河中的一朵奇葩，它以其基因密码的方式留存于每一个"人"的个体之中。每个学生的大脑里都根植着汉语言的基因密码。教师所要做的是激活，而不是另起炉灶地给、塞、填。只要我们真诚地相信学生并给学生以足够的语言自由，只要让学生用自己熟悉的话语方式进行说话和写作，让学生用自己的话语体系来表达自己的情感世界，每一个正常的中国孩子都能够把握汉语言。作文不仅仅是文字排列。以文字排列为主要色彩的作文训练，只是外在于作文、生命的"术"，对于"人"的作文发展所起的作用是有限的。真正的作文有很多无法言说的奥妙，其背后是"人"的个性禀赋、情感情绪、经验阅历、审美取向等。一句话，作文背后、语言背后是写作文的那个"人"。写作教学不能只关注"文"，而更要关注"人"及"人"的成长。

一个人的写作能力由"三力"构成：语言驾驭力、心灵感受力和现象思辨力，三足鼎立。女生的心灵活动大都比男生来得细腻、敏感，男生的思考大都比女生来得明晰、深入。小学里男生思考力的优势还未显现，女生的细腻与敏感却与生俱来般地表现出来，所以女生作文水平普遍优于男生。文章说到底是"心"的产物，不锤炼、不指向"心"的写作教学是不完整的。我们常看到一些学生的作文语句都很通顺，读来却淡而无味，究其根源是作者缺乏敏感的心灵去细腻地体验生活和自己的情绪、情感，缺少对事物从表象到抽象的思考与提炼。把"人"的心灵力与思考力排斥在作文之外不闻不问不管，是写作教学不能突破瓶颈取得实质性进展乃至飞跃的一大原因。很多人认为心灵感受力与现象思辨力是一种自成长，完全是教学之外的自悟自得。我的写作教学实践试图突破这个禁区：①每周一次"我的名言"。"名言"的写作需要从事物表面深入事物内核。有的学生写道："为了思考，上帝创造了大脑；为了完善思考，上帝创造了书。"更有的说："谎言是架在自己脖子上的一把枷锁。"这些"名言"表明，学生的思考力正在得到大力提升。②每月一次"两难话题"辩论。将诸如"同桌，自己选好还是老师安排好"等话题公布在博客上、《周报》上，让学生讨论、辩论。争辩越深入，各自的精神世界就越敞亮、畅达，思想的通道也就越宽阔、明亮、深邃。③《周报》开设"心语港湾"。它为学生开辟一个心灵交流的场所，将作文、心灵、情感连接在一起。④《周报》开设"故事争鸣"。故事争鸣的写作是作者最投入、激情最澎湃的时候，心灵的全情介入，使文字被烘得暖洋洋的。

跳出作文教学作文。"诗外意识"着力于作文背后的"人"的成长。作文教学不再孤立于"人"之外。心灵感受力、现象思辨力的成长价值也是"人"的成长价值，重视并开掘它的作文教学是我所认为的大作文教学。

九、差异意识

差异是教育教学不可回避的真实存在。谁想消除差异谁就违背了教学规律。好的教育应该是在各有发展的基础上，逐步拉大个体间的差异，总希望每个学生每个方面都能一样好、一样出色，这是美丽的错，也是个不可原谅的错。

差异是个有效资源。班上学生有的擅长写景，有的擅长说理，有的擅长想象，有的擅长叙事，有的擅长记实，有的擅长排比，有的擅长拟人，有的擅长"抖包袱"……千万不要试图改变学生的"擅长"，千万不要拉着擅长记事的学生去写想象的文章，正如你不会拉着金庸写言情、不会拉着琼瑶去写武侠。写作教学需要做的是引导学生彼此欣赏、彼此无意识地相互吸纳。一个人阅读报刊，看到认识的、熟悉的人写的文章，大都读得认真，有意无意地揣摩和比较。《周报》发表朝夕相处的同学的作文，读者（部分学生是作为作者的读者）的阅读是细致的、具有自主吸纳性的。这种自主吸纳有可能会唤醒学生做另一种表现方式、涉足另一个写作领域的尝试。注意，是"有可能"的"唤醒"，而不是强行改变。这就是差异带来的写作上的教育效能。

每出版一期《周报》，我总要探寻《周报》上的文章的精彩之处，将其和当堂要进行的训练挂起钩来，这既能使作者产生更大的自豪感，也给其他学生带来写作的亲切感，训练也显得比较自然。学生感觉教师是在帮助他们归纳，归纳出他们在写作中无意识流露出的写作技巧，是在他们练有所感、习有所悟的基础上进行的技巧的提炼与训练，而不是把写作技巧概念化的无来由的训练。有的时候，我从发表的文章中寻找缺陷：在肯定发表的背景下指出学生的作文缺陷并进行相关训练，这是一个行之有效的方法。

作文后进生也是资源。我想方设法奖励给后进学生"优先刊用卡"——优先发表权。我每月推出一位"作文新星"，连续发其三四篇作文，助其走向成功。我开设"佳句精选"，发表后进生的"一句话作文"，不让其写作的激情火花熄灭。只要有一位后进生被改变，就会在全班产生震荡，波及四周。人因差异而存在，尊重差异，直面差异，运用差异，学会利用作文差异所产生的教学势能，每一次作文都将给教师和学生带来鲜活的教与学的能量。

十、文值意识

写作教学的悲哀是：作文的全部价值沦为一个分数。为"分"而文，"捏、编、造"里出卖自己的灵魂。真正的作文是"心"的表达，是"情"的代言，是"才"的呼唤，是生命活动的见证。一篇作文就是一次心的旅程印记与刻录，是一次与无法回转的自然时序的对抗：时序消逝生命，文字追溯生命。"生命不过是一场记忆。"文字记载记忆、保存记忆、深刻记忆。作文是"人"之外塑的又一个自我，影子是黑的、冷的，文字带着作者的体温取暖作文。人本质上是孤独的，谁会拒绝自我温暖的抚慰？它将关照写作者重视写作，珍惜写作，热爱写作。当学生明白作文是自己生命喜怒哀乐的见证，是给自己消逝的童年营造一个永远的精神之家，作文就从冰冷的分数里跃出来，暖和起来。

必须要让学生感受到作文的温暖价值。写作不只是生活的一部分，也是生命的一部分，写作是"人"存在的证明；作文不仅是作文，作文用文字尘封起一段人生。一学期，班上学生少的写满五六个作文本子，多的写满二十几个，这些本子满载着学生逝去的童年的影子，绝不能随意丢弃。每学期我们都举行"'我的书'装帧设计大赛"。学生不亦乐乎地用针线将本子固定，用各色卡纸做封面，进行封面设计，定书名、定价格、定出版社名，为"书"写序、写广告，评"最美的书""最厚的书""最有创意的书""最佳前言奖"和"最佳封面设计奖"。很多学生给自己的"书"定价是："无价之宝"。学生对作文价值有了如我所愿的认识。这种认识将使他们对作文产生依恋和感恩的情怀。每年我们汇编出版50多期200多个页面的《周报》，进行"'我的报'装帧设计大赛"。"我的书"记载着学生个人的生命轨迹，"我的报"记载的则是童年伙伴的生命活动，两者交相辉映，互为补充。作文就是这样为学生保存了一份永不再来的童年，它潜在的价值和意义将在未来释放。

"文值意识"播下的是一颗美妙的写作的情种，未来只要有适当的土壤和阳光，秘密隐藏的它依然会复苏、发芽，自我成长。

本文刊载于《人民教育》2008年第8期

No. 4：

我从不上作前指导课

几乎每次出去上评讲课，我都会问现场的老师：你们听过专门的"作后讲评"课吗？几乎所有的老师都说：没有。我说：我就是专门上"作后评讲"课的。"作前指导"的目的无非有"二"：第一，"指导"学生获得写作的材料；第二，帮助学生获得写作的技能。在我看来，这两点，"作前指导"都无法从本质上实现。淡化"作前指导"，强化"作后讲评"，应该是作文教学的重要出路。

一、写作内容，不是靠"指导"出来的

经常听到这样的观点：现在的学生学业负担重，一天到晚活在作业堆里，作文哪有什么东西可写的呢。说这话的，有专家，有学者，有官员，有作家，有编辑，有一线教师。对于这样的观点的流行，我深感不安。

监狱里的生活是枯燥的。但是，一个真正的作家要是到监狱去生活一年半载，他回来，肯定能写一本书，书名叫"我的监狱生活"或"监狱内幕"。一个人只要活着，哪怕他是一个囚徒，只要活着，就有他的源源不断的生活。他的身体或许受到限制，他的心灵，谁都限制不了。只有限制学生心灵的教育，限制学生心灵的作文教学，才会使学生没有写作的内容，枯竭学生写作的源泉。这就是为什么"文革"时，那么多作家"死"了，改革开放，那么

多"死"了的作家又"活"了。你的学生没有写作的东西,那说明你的作文教学限制了学生的心灵,禁锢了学生的思想。高三学生生活枯燥吧?生活逼仄、单调,却也正因此,一丁点小事,一丁点小放松,都能引发开怀大笑、哄堂大笑。我的朋友,高三学生的家长,和女儿谈话,那真是"话不投机半句多"。高三学生不跟你交流,不是他没有话,不是他的生活像死水,而是觉得你不理解他,你不能够走进他的心灵,他对你封闭。一个封闭起来的人,他内在的言语,多得能把人淹没、淹死;精神分裂或者自杀,言语上的自我淹没,可能是一个站得住脚的猜测。郁闷、苦闷、痛苦,那是最好的写作材料。那里有着怎样刻骨铭心的刺痛?

小学生怎么可能没有写作素材呢?优等生学有余力,参加各种竞赛活动,协助老师管理和组织,他们是校园里忙碌的一群,风风火火的一族,他们的生活不乏丰富和精彩。中等生,这个儿童群体"培优轮不上""辅差挨不上",他们有着富足而自由的时间和空间,他们游离于教师的视线之外——必须承认,教师对中等生的关注,最少。他们在干什么?他们在过着真正的、自由的、自在的、自我的童年。中等生的生活状态,是忙碌的现代人梦寐以求的状态。忙碌是一种生活状态,休闲是一种生活状态,人的生活状态对写作而言,没有好坏之分,不同的生活状态造就了写作的多样性、丰富性。大家都穿黄军装、解放鞋,写作就失去了多样性和丰富性,只剩下统一口径的样板戏。

后进学生呢?一天到晚被老师盯着,这个作业要订正,那个知识要补习,他们没有作文素材吧?不。后进学生之所以"后进",不是他们脑瓜笨、智力低、少根筋,而是他们该好好听课的时候不好好听,想着昨天的电视,想着课间的游戏,想着没吃完的鸡腿,想着自己也莫名其妙的心思。该老老实实完成的作业,他不完成,只要老师不在,先玩一把再说。玩吧,也非玩那种叫你看了就生气、幼稚得不行的玩意儿。后进学生到办公室,拿着笔,装模作样地写作业。真正的端正来自内心。他们的身体端正了,心不端正,他们的耳朵不闲着,在听老师说话呢。"这件衣服刚买的,漂亮不漂亮?""股市怎么又跌了呢,这次要能出来,打死我也不进去了。"……这些跟作文有什么关系?太有关系了。回家路上,你看到一溜车队,某大人物来了,车队停了,一看，哟，黑帅哥奥巴马！你睁大眼睛看，奥哥下车了，哎呀，不好，奥哥被绊了一下，摔了一跤。回到家，你对家人说的第一件事是什么？肯定是这事儿。大人物的小事情，都是重要新闻。

每一个老师都是学生眼里的奥巴马。后进学生在办公室的所见所闻，对班级的学生来讲，那都是国家级的机密，那都是重要的班级新闻。遗憾的是，可悲的是，我们的作文教学从来没有使学生知道，使学生明白，这就是作文素材，这是可以写作文的，作文本来就是写这些事儿。我们的作文教学，总让学生丢开自个儿的喜怒哀乐，迎着题目、迎着考试去找材料。我们的作文教学，总以为学生哪有什么事儿，学生的那些芝麻破事儿，哪能当作文来写？

有一个小故事叫《一罐子的美》：一个叫热娜古丽的维吾尔族小姑娘，10岁。她有一个罐子，罐子里收藏着她眼中的生命中的"美"。她宝贝似的，不给任何人看，只一个人偷偷地欣赏完全属于自己的"美"。有一次，"我"偷看了热娜古丽的"一罐子的美"，里面是几片形状不同的胡杨树叶，几枚纽扣，几块橡皮，一个用旧了的沙包，一个羽毛球，几根笔芯，几粒跳棋玻璃子，几根皮筋和几只蝴蝶标本。

我无法忘记故事里的一句话："如果不是亲眼所见，你几乎根本无法相信这一切。被一个10岁的维吾尔族小姑娘如此看重的宝贝，对于一个成年人来说，也许看都不愿看一眼。而成年人所津津乐道的重大问题，在热娜古丽看来，也许根本不值得一提。这就是差异或代沟。"小时候，我最大的宝贝是香烟壳。礼拜天，没事的时候，把身边的所有的香烟壳拿出来，一个一个看，看得心满意足，看得像个富翁。有一天，我丢了一把香烟壳，一整天丢了魂似的。我们认为学生没有什么写作的内容，那只是用我们大人的"美"的标准衡量孩子，而不是用"香烟壳"的标准来衡量，或者用热娜古丽的"几粒跳棋玻璃子""几根皮筋""几枚纽扣"来衡量。

成人以自己的强势，强迫孩子用成人的标准，去写成人喜欢的事件和故事。可是，"成年人所津津乐道的重大问题，在热娜古丽看来，也许根本不值得一提"。这就导致了学生作文的巨大痛苦。只要放手让学生写自己的生活，写他们自己生活的、成人眼里的那点"破事"，怎么会没东西写呢？

当前很多的"作前"指导课上，师生一起做游戏、做实验、做调查，当堂"生成"作文。这里有一个悲观的假设：学生是没有写作材料的，需要教师去"制造"。这种教学的最大弊端在于，离开教师，学生不知道有什么东西可以"吃"，尽管他身边到处是"食物"，伸出手来就是"食物"。

二、"作前"的写作技巧"指导"，可以休也

写作有没有技巧？既"有"又"无"。所谓"有"，有的是"文字技巧"，如"悬念手法""前后呼应""场面描写"等。所谓"无"，即老舍所说的"最大的技巧即无技巧"。这个"无技巧"的技巧，我姑且名之为"文心技巧"。"文心技巧"包括读者意识、发表意识、真话意识、作品意识。"文心技巧"难以实实在在地训练，却强烈地影响着作者的写作。一个有了读者意识、发表意识、真话意识、作品意识的人，写出来的文字、对文字的感觉，会进入一个全新的境界。这是光有"文字技巧"的人无法达到的境界。这也就是为什么夏丏尊先生会说"写作最大的技巧是读者意识"。

"作前指导"的"技巧"指导，属"文字技巧"。文字技巧，对中后等学生，是需要的。要思考的是，技巧的指导，该放在学生写作之前，还是学生写作之后。这是个必须认真思考的重要问题。

网络的"人肉搜索"，能搜索出诸如周久耕这样的贪官，却也能将一个好端端的女孩害死。女孩名叫周春梅，河南科技学院服装表演系大一女生。她与男友林明分手。男友不甘心，却联系不上。为此，他在网上谎称：四川女孩周春梅因家境贫困、无力上学，安徽打工仔林明身兼数职供她读书。不料，她考入河南新乡某大学后，忘恩负义，知恩不报，还四处散布谣言，说林明对她心怀不轨。现今，林明已身患白血病，恳求网友热心相助，使其在生命最后一刻，见这位没良心的美丽女孩一面。

这个没有经过任何考证的帖子，立即在网上掀起了轩然大波，迅速在多家网站流传开来。网友纷纷义愤填膺跟帖慰问林明，痛骂周春梅的不仁不义。短短几天，周春梅的学校、家庭住址、照片、手机号、QQ号甚至寝室号等个人资料，都曝光于网上。林明从上海赶到新乡，在河南科技学院附近的两元店，买了一把水果刀，同时买了一束玫瑰花。见周春梅不接受他的感情，林

明随即连捅数刀，女孩当场死亡。

你看，不明真相下的帮助，害了人家姑娘啊。

作文上的帮助，你是否确定，你的帮助是正确的、有效的、人家需要的？如果不能确定，那么，你的帮助很有可能是一种负面的帮助，这种帮助，会使学生陷于一种"伪作文"的境地：我们极有可能在学生年幼的心灵上，刻下假作文、套作文、空作文的印痕。该学生自己用劲的时候，就得学生自己用劲，教师不用瞎帮忙，否则帮的也许是倒忙。一个蛹出现了一道裂缝，幼蝶在里面挣扎了很久，没出来。有个孩子不忍，用剪刀将蛹剪开，幼蝶倒是脱蛹而出了，但它身躯臃肿，翅膀干瘪，永远无法飞翔。一些不恰当的作文上的帮助，会使学生的作文永远无法"飞翔"。

在我看来，"作前指导"帮助学生获得"文字技巧"，弊大于利，甚至"有弊无利"：99%的"指导"都是好心办坏事。教师的"心"是好的，希望能够帮助学生写出更好的作文，帮的结果却是"坏的"：每一个学生的长相打扮是不一样的，每一个学生说话的语气与方式是不一样的，每一个学生对事物的看法与态度是不一样的，每一个学生处理事物的能力与方法是不一样的。嘿，偏偏，教师"指导"一两年后，学生的作文都长一个样儿！

我不能不冒着被一线教师的唾沫淹死的危险，摸着良心说，这里的罪魁祸首，正是教师食之无味、弃之可惜的"指导"。我遇到很多教师，都觉得教材上的作文，没什么好"指导"的，不会"指导"。可是，"明知山有虎，偏向虎山行"。每次，都拿着根鸡肋，翻着花样，想做出鲍鱼的味儿来。作文前，教师都要花上一节课的时间"指导"学生作文。好心的语文教师从材料选择到内容安排，从作文提纲到文字修饰，从详写到略写，从开头到结尾，不厌其烦，交待得面面俱到。有一位语文老师偷偷跟我说了句真心话：我们的起步作文，就是"填空"，学生把我们老师安排的"空"填出来，就是作文。

为什么不让学生自己先写呢？哪怕学生写出来的作文有这样那样的缺陷——宁让学生暴露出真实的缺陷，也不要所谓的教师"指导"下的伪装的完美。只有见到学生真实的当下水平，教师才能给予最真实的契合学生当下发展水平的指点和训练。这就像一个糖尿病人，应该做"馒头餐"测试，他不，服用降血糖药物去测量，结果当然"正常"。这个自欺欺人的"正常"你要来干嘛？

一线教师说："我不指导，学生怎么会写？"他们忘记了，学生学的是母语，学生在认识字之前，对母语的表现规律已经有了潜在的认识和把握。如此"指导"，学生的作文怎么可能还有自己的、儿童的生态与姿态呢？如此"指导"，学生写作的创造性、思维的灵动性，怎么能不荡然无存？学生的作文只能亦步亦趋地跟在教师的"指导"的后面，把自我全部抛开！有人说，我们的语文教学，教的不是"语文"，而是"关于语文"。同理，我们的"作前指导"所讲的，大都是"关于作文"。这就像有人向你描绘天堂怎样的吉祥，怎样的如意，怎样的和谐，怎样的山明水秀，怎样的瑞气缭绕。你听得再仔细、再投入，你知道的不是天堂本身，而是"关于天堂"。直到此刻，我依然不知道天堂本身是怎样的，所以我留在人间。作文教学上，我们一直在做着向学生描述"天堂"的事。

教师的"指导"就这样一次又一次地"好心办坏事"。一次又一次的"指导"，捆住了学生的手脚和大脑，禁锢了学生作为一个鲜活的富有创造性的"人"的言语活动。学生作文不是想着怎样去表达自己的情感与看法，不是想着怎样将自己的故事讲好，而是想着怎样按教师的提纲、教师提供的技术和要求来完成作业，这样的"指导"直接导致了活生生的、个性迥异的学生，写出千篇一律、面目一致的作文。

"作前指导"的祸害，不说严重到了可以毫不心疼地、割掉肿瘤一样地抛弃，至少，可以大大地淡化——你的干预越少，学生的写作就越自由。要强化的是"作后讲评"。偏偏，嘿，偏偏作后的"讲评"在作文教学界，一直被置于可有可无的地步！

三、作后讲评，就是"先写后教""以写定教"

很多同行看了我班上学生的作文，说："管老师，你学生的作文，就是不一样。"不一样在哪里呢？他们说，很鲜活，各有各的样，不像传统里的作文。我想了Ｎ年，才琢磨明白，为什么我学生的作文不死板——我不上指导课，我只上讲评课。

小孩学走路，重要的是让他自己走，而不是对他进行走路"指导"：提起右脚，重心前移，落到左脚上；右脚向前，重心随之前移，右脚落地，重心逐渐落在右脚上；左脚提起，重心完全落在右脚上……这种"指导"，只能使小孩害怕"学走路"，觉得"学走路"真是一门高深得不得了的学问。你让小孩自己走，走得摇摇晃晃，不要紧；要摔跤，赶紧去扶一把；扶不上，摔了一跟头，没事，爬起来不就得了。学走路，小孩最需要勇气，多鼓励，孩子走多了，自然会走。会走了，再提醒孩子，注意前面，别与人撞；注意脚下，有绊脚的东西。小孩学口语，也这样。先教孩子"主语谓语宾语"或拼音字母的父母，一定是书呆子。孩子听得多了，咿咿呀呀得多了，自然会说。会说了，再提醒孩子，哪个字要发准一点，哪句话不该这么讲，要这么讲。小孩子学走路、学说话，都是先实践、后评点。没有学之前先"指导"的。"后评点"就是最好的"指导"，是基于孩子实际问题的切实的"指导"。

学生写好了作文，教师认真地读学生的作文，研究学生的作文，"指"出哪里写得好，句子就该这么写，作文就该这么写；"指"出哪里有问题，什么问题，以后要注意。教师认认真真地读学生的作文，研究学生的作文，由学生的作文现状，"导"出一个贴近学生的"最近发展区域"的作文训练点，两者合起来，就是"指导"。"讲评"，就是最好的"指导"。它是有了"学生作文"这个文本之后，实打实的"指导"。"作前指导"，学生作文还是个子虚乌有，你"指导"得再卖力，到底还是"空对空"的虚浮。

"讲评"课，就是先"号脉"，再"下药"，这药就能下得准，就能药到病除。即使不药到病除，它的副作用也少：学生已经写出作文了呀。先让学生写，写出来了，有什么问题，我给你诊断，给你开药方，给你治，这就是"先学后教""以学定教""先写后教""以写定教"。这就是闻名全国的洋思经验。

一定要研读学生的作文。离开了对学生作文的研究，作文教学肯定无的放矢。你不朝着学生的现有的真切的作文水平"射"，你能朝哪里"射"？又能"射"到哪里去？作后讲评课，是"研究学生作文"之后的一个表现形式，最好的表现形式。一个老师讲评课重视了，上好了，对学生的作文状态了如指掌了，班上学生的作文绝不会差！

可悲可叹的是，无数的语文老师把读学生作文当成自己工作中最大、最重的包袱，恨不得随时倒贴钱甩卖掉。十多年前，我去学校见习，老师交给我一项光荣的任务，批改学生的作文。我很高兴，觉得指导老师器重我，交给我那么重要的任务。批改完，旁边一老师很和蔼地夸奖道："小管，你出手真快，真不愧是高材生。要不，帮我这叠也批一批？"十多年后，见习生、实习生来，老师们高兴，有人来帮咱批作文了。把批改作文当作是教育人生的苦差事，作文教学怎么上讲评课？一个对学生作文状况了解肤浅的语文老师，怎么"开药"给学生呢？

我在很多地方鼓吹，教导主任、校长不要去听教师的"作前指导"课，你要去听教师的"作后讲评"课。你一听教师的讲评课，就知道这位教师是否认真批阅了学生的作文，是否了解了学生作文的最近发展区域。你一听教师的讲评课就知道，这位教师是否具有系统的作文知识，一个不具备完整的作文知识的人，"讲评"的时候，是"点"不到位的，只能不痛不痒地说"不错""很好""很有创意"之类的话。

在这里，我要郑重声明，语文教师一定要具备系统的写作知识。课程标准说，不要对学生进行系统的作文知识的教授。这话的背后是什么？是把每一个语文教师，都看作具备了"系统的作文知识"的人，她怕具备了"系统作文知识"的人，去犯一个错误，即对学生进行"系统作文知识"的教授，于是做了这样一个善意的提醒。要是语文教师本来就没有"系统的作文知识"，它写这一句话，不是多此一举吗？

"讲评"课，不只是将学生的作文讲一讲、评一评，批改的时候，要发现学生作文表达上的精彩之处，由此引出一个训练点，或是发现学生作文表达上存在的一个缺陷，由此引出一个训练点。这样的训练，从学生的实际出发，受学生欢迎，学生有心理认同感，觉得伙伴行，我努力一下，也行。你一听教师的讲评课，就知道这位教师是否具备作文训练系统，一个不具备完整的作文训练系统的人，"讲评"的时候，是"练"不到位的，甚至根本找不到训练的"点"，更别说加以切实的训练。

盆景制作有两种典型方式，一是强制地将枝杆朝着人为的方向前进，从而制作出大量相同的盆景；二是顺着枝杆原有的姿态，做必要的牵引，每一个盆景都是不可复制的。当前大量存在于一线的，以"指导"为中心的作文教学，就是第一种盆景的制作方式；而以"讲评"为中心的作文教学，走的恰恰是第二种盆景的制作方式，那是真正有艺术生命的制作方式。由此，我要高喊：讲评，确实是最好的"指导"。

本文刊载于《人民教育》2010年第18期

No.5：
《一个快乐的人》作后评讲实录

一、欣赏：让写作欢欣起来

师：读同学的作文，我喜欢找精彩的句子，我觉得，读精彩的句子是一场语言的享受。这次，给我带来语言的享受的同学有哪些呢？（幻灯出示，下同）

• 好心情，会让阴雨连绵的日子出现阳光；好心情，会让枯萎的花朵开放；好心情，会让没路的地方踏出一条新的路来。——张琳薇

• 每当我烦恼时，我就会听听音乐，把所有的烦恼抛到九霄云外；每当我高兴时，我就会听听音乐，跟着它一起唱，唱出我的快乐；每当我无聊乏味时，我就会听听音乐，这时，它是我最好的陪伴……——方静

学生朗读，师评：对称的语言，排比的语言，往往是精彩的，有魅力的。我更欣赏其中的"分号"，一个连标点都注意的作者，我佩服。

• 我有烦恼，会把它和别人一起分担，因为这样可以分掉一半的烦恼。我有快乐，会和朋友一起分享，因为这样可以使快乐增加一倍，也可以带给他人快乐。——徐锦盈

• 被一只马蜂蜇了，应该高兴，要想到不是一群马蜂蜇；一颗牙疼，应该高兴，要想到不是满嘴的牙疼；自己的家产丢了，应该高兴，要想到不是自己的快乐丢了……——祝昊

学生朗读，师评：写作要有自己的观点。有自己的观点的话，是精彩的。

• 每次画画时他总是笑呵呵的，连画也好像感染了他的快乐似的，变得明快起来。——彭芳

• 我和妹妹一同把手伸进了蛋糕里，又飞快地拿了出来，手上全是奶油，我把奶油抹在妹妹脸上，妹妹又抱紧我，把我身上都抹上了奶油，我们都成了大花猫……笑声震得屋子都快翻了。——徐雨萌

指名朗读，师评：刚才让大家猜"笑声"怎样了，猜不出。告诉你，出人意料的表达，是精彩的。你写的话，要让别人猜不着。

• 邓超迫不及待地冲上讲台表演大猩猩，只见他胸一挺、眼一眯，捶打胸脯，"哇咧"直叫，逗得我们哄堂大笑。——林天聪

• 比如说王冕的《墨梅》：我家洗砚池边树，朵朵花开淡墨痕。不要人夸好颜色，只留清气满乾坤。结果被他改成了：我家脚盆池边放，朵朵花开没有痕。不要人夸好颜色，只留臭气满乾坤。——彭芳

• 他哈哈大笑起来，肥肥的将军肚一上一下，有时还会一左一右地摆动起来，好似一个古式大钟的钟摆，令人看了都会笑得肚子疼。——赵爽

• 爸爸问服务员："有没有大一号的？"服务员说了一句话，爸爸听后差点晕了。服务员说："这是女士的衣服，您穿错了！"……过了一会儿，爸爸笑了笑说："我这才知道，我的身材这么好，还穿得上女士的衣服！"——刘诗婷

作者朗读，师评：这些话语，给我们带来了笑声，能够让读的人不由自主地露出微笑的语言，是精彩的。

• 他很快乐，每天爸爸陪着他玩，姐姐教他写作业，妈妈为他讲故事。而我呢，像一只关在笼里的小鸟，一点也不快乐，爸爸从不陪我玩，有个哥哥总和我吵，妈妈从不跟我说故事……——周凯

学生朗读，师评：写出自己内心的话，带着自己真实的情感的话，往往是精彩的。精彩的不一定是文字，却一定是你的真情。

师小结：一个好句子，往往能给读者一个好印象。好作文，就是给读的人留下好印象的作文。一篇作文要是有三个好句子，给读者留下三次好印象，那一定是好作文。

二、挑刺：让语言干净起来

1. "不肯读"病

师：好不容易留下的好印象，有时候，被你一个小小的缺陷，给搅了。就像一道好菜，什么都好，吃着吃着，里面有一只苍蝇！你看——

- 大家都叫他幽默大王，他就是我姐姐。
- 一个贩和一个路人吵了起来。
- 我的妈妈是个快的人。
- 我考试了60分。
- 我爱我的乐快妈妈。
- 哭了几分钟，我哭又笑了。
- 因为在热天里，溜冰既可以减，又可以健身。
- 记得好有一次，我和妈妈准备去哥哥家玩……
- 就连坐在他旁边的同学也被感染了天天笑嘻嘻的都说他是一个快乐的男孩呢！

（学生一边自由读，一边笑，笑声中，学生更正以上的错误）

师：写好作文，一定要仔细地读，读不出毛病，请你的伙伴读。我以一个出版了4本书的语文老师的身份告诉你，我现在写的东西，还有很多笔误，还需要靠认真读，才能消灭类似的苍蝇！这些同学，患了一种病，叫"不肯读"病。（教师板书："不肯读"病）一起读——

生："不肯读"病。（众笑）

2. "关联词"病

师：消灭了这些"苍蝇"，你才能进入第二个层次的修改。能消灭"不肯读"病吗？（生：能！）好，我们进入第二个层次。

- 我虽然很胖，但是很热心，很爱帮助人。
- 爷爷以前是初中校长，现在已经退休了，天天坐在家里，很无聊。但我们经常打电话过去问好……

师：这两个句子得了什么病呢？得了"'关联词'病"。请看——（幻灯

里，将第一句的"虽然/但是"、第二句的"但"删除）

师：这两个句子里，不存在这样的关联，偏要用"虽然/但是"，那叫乱用关联词。

• 因为老爸已经不是第一次干这种事了，所以他非常熟练地把下水道盖子打开……

• 我的快乐，也来自于书籍。因为读书可以让我知道很多知识，让我懂得很多道理。而且读书可以让我上知天文，下知地理，让我出口成章、下笔如有神。

• 我的快乐，还来自于好伙伴。因为他们让我感到不孤单，让我脸上天天洋溢着笑容。而且他们让我知道了什么是团结，什么是友谊，什么是互相帮助。我终于知道交朋友的好处了，那就是可以让我天天都快乐！

学生朗读后，师：读了，通不通？生：通。

师（幻灯上，教师将句中的"因为/所以""而且"删除）：请你们挑一句读。——通不通？

生：通。

师：不是通，是更通，更顺！（笑）这里，关联词可用，也可不用。可用可不用时，请不要使用。关联词是语言的胶水，胶水用多了，全是胶水味，谁喜欢？

师：这是一个病（板书："关联"病）。

生："关联"病。

师：平时说话，会有很多不必要的"但是""所以"，写作文，要琢磨，要使语言干净。

3."我"病

• 我乐得手舞足蹈，我觉得自己创造了一个个小小的生命。

• 我六岁时，有许多人爱欺负我。

• 我高兴极了，我一路哼着小曲跑回了家，我觉得帮助别人，就是快乐自己。

师：发现了什么问题？

生：好像里面的"我"太多了。

师：对，这些从你们作文里挑出来的句子，患了"'我'病"。（板书："我"病）

生："我"病。（笑）

师："'我'病"，不是你病。它会变化，考考你是否有孙悟空的"火眼金睛"——

- 我现在给大家讲一个关于我爸爸的小笑话。国庆节我的爸爸就要演出了……
- 在我心目中，我的爸爸是一个既严肃又可爱、好玩的一个人。
- 还有一次，我在画画，我妈妈在旁边说了一句："快来看，一个大师级作品要出炉了！"

生：也是多了"我"，第一句要去掉"我爸爸"的"我"，"我的爸爸"去掉"我的"。

师（删去文中多余的"我""我的"）：你的眼睛真厉害！爸爸，一看就知道是你爸爸；妈妈，一读就知道是你妈妈，谁会来抢你的爸爸妈妈，你用不着用那么多的"我爸爸""我妈妈"。（众笑）记住，这是——

生："我"病。

三、训练：让技术"活"起来

1. 欣赏

师：这次作文，你们写"一个快乐的人"。关键词、中心词是"快乐"。你写的故事，要突出这个中心词。陈子豪同学就做得很好：

我的快乐，来自于运动。运动可以给我带来强健的体魄和丰满的肌肉。说不定以后我当上了运动员，在奥运会上，为祖国添上一笔光彩呢！（紧接着出示——）当人们前来为我喝彩的时候，那我有多快乐呀！

师：重要的是最后一句，这句一写，就与"快乐"紧密联系起来了。

我的快乐，还来自于好伙伴。他们让我感到不孤单，让我脸上天天洋溢着笑容。他们让我知道了什么是团结，什么是友谊，什么是互相帮助。（紧接着出示——）我终于知道交朋友的好处了，那就是可以让我天天都快乐！

师：前面是写友谊，末一句，将"友谊"拉到了"快乐"上，这一句很重要。这就叫"一句话救活一段话"。掌握"一句话救活一段话"的，还有许怡芸同学，请看：

今年暑假，我们家所在的那栋楼房连续停了五天的电，每次停电都是在晚上十点到凌晨两点。那几天的气温都是在38度以上，晚上全家人根本没办法睡觉。爸爸妈妈怕我睡不好觉，影响休息，难免有些抱怨。

师：写到这里，全讲睡不好觉，与"快乐"无关，重要的一句来了——

我就开玩笑说："停电也好，还能节约电费呢。"爸爸妈妈听了，都笑了起来。

（再出示——）

平时我心情比较烦闷的时候，就找本书看看，调节一下情绪。我读过一本叫《阿凡提经典故事》的书，阿凡提很聪明，很幽默，每当我看完一个故事，（师评：请注意，回到"快乐"上来了——）就乐得哈哈大笑，烦闷自然一扫而光，只有快乐留在我心中。

师：一段话讲一个故事，故事讲完，回到"快乐"上来，这就是"一句话救活一段话"。不少同学讲了故事，少了最后一句话，没有回到"快乐"上，导致离题，真可惜。

2. 示范

示范一：

六岁时，有许多人爱欺负我。那时姐姐就会出现在我的面前，跟他们讲道理。三年级时，一群五年级的人欺负我，姐姐还和他们打了一场，并报告了老师，那些人都挨了批评。

师：这段话写的不是"快乐"，是"姐姐帮我"。一句话救活一段话，只要加一句话，就回到"快乐"。请看（幻灯出示）——

看着我不再被人欺负了，姐姐很快乐。

示范二：

有一次，我考试没考好。下午，妈妈跟我讲了很多道理。晚上，我怎么也睡不着，爸爸便教育我："想想为什么会错，再想想那些题的正确算法，这样你很快就能睡着了。"我按爸爸的方法想了一题又一题，在不知不觉中睡着了。第二天，我告诉老爸这个方法很管用。老爸听后，说："怎样？你老爸老将出马，一个顶俩。"我被逗得开开心心了，他才去干活了。

师：这一段话是写"我"开心。实际呢，作者写"老爸是个快乐的人"。离题了，怎么办？简单，只要删除最后一个句子"他才去干活了"，添上这么一句——爸爸看见我笑了，他也开开心心地笑了。

3. 训练

师：一段话，看起来离题了，其实你可能只少了关键的一句话，回到"中心""主题"的一句话。记住：一句话救活一段话。加一句话或改一句话，就能救活一段话。要会加这么一句话。试试看——

有一次，我的一篇作文不知掉在哪里，非常着急。刚好晶晶回来了，她看着我焦急的样子，急忙跑来问我："你在找什么？"我回答："我的作文掉了，明天要交了……"没等我说完，晶晶就弯下腰帮我找那篇作文，找了一个多小时，我们才把那篇作文找到。晶晶咳嗽一声就上楼了，看着她的身影，我在心里默默地说道："晶晶，谢谢你。"

师：这篇作文是写"晶晶是个快乐的人"，你怎么改？

学生练习、交流后，教师出示写好的例句：晶晶快乐地笑了，仿佛是我帮她找到了本子。

4. 奖励

师：大家练得很投入，奖励给大家一个秘诀：有的时候，一个词就能救活一段话。

我喜欢动物，当然，除了蜗牛。如果你想把我吓跑的话，你可以拿纸蜗牛放在我面前。不过，现在我会非常坚定地对你说："'兔子'我可再不怕蜗牛啦。"

学生将"坚定"改为"快乐"。

师：今天我们认识了"'不肯读'病"、"'关联'病"和"'我'病"，以后写好作文，一定要"肯读"，一定要看看有没有"'关联'病"和"'我'病"。写人的作文，要注意是否围绕中心，很多时候，写人的作文——

生：一句话救活一段话。

【简要说明】

  1. 欣赏。世上最辛苦的事是思考。写作是思考中的思考，写作需要热情而真切的赞美。"讲评"课要在有限的时间里大面积欣赏学生的作文，一个比较可行的办法是抓"句子"或"句群"。将学生作文中的"好句"展示出来，大家一起朗读句子和作者的名字。告诉学生，这些句子为什么漂亮、为什么精彩，漂亮在哪里，精彩在何处。这就要求教师需要有写作知识，需要有写作体认。由此，学生不仅知道怎样的句子叫好、叫美、叫有表现力，也感受到了写作给人带来的骄傲和荣耀。"欣赏"学生的好句子，还有一个重要原因，有些学生可能一学期都写不出一篇好作文来，然而，一次作文争取写出一个有意思的句子，却是人人努力一下都做得到的。不少作家回忆儿时的写作，感谢教师的一次不经意的表扬，而不是一次怎样的技巧训练。欣赏，大面积的欣赏，要放在第一位。

  2. 挑刺。"讲评"课不能光说好话，要指出真切的问题。这些问题应该是比较共性的，这就要求教师在读学生作文时，有一个"整体"观，即所有学生的一次作文是一个"整体"，在这个"整体"中出现的问题有哪些。挑刺，我主要着力于句病和段病。"作文是改出来的"，怎么改？常见的"文病"有哪些？"挑刺"环节要解决这些问题。这节课认识了"关联病""我病"，下节课认识"开始病""然后病"，再下节课认识"说病""开头病"，一个病一个病地治，治这次作文的病，也为学生下次作文的修改，提供了切实可行的方法和路径。这样"挑"一学期、一学年，学生的语言就会干净起来、利索起来。

  3. 训练。"讲评"课要有针对性的训练。如，写好对话，写好场面，写好心理活动，写好人物外貌，等等。不管哪个内容，都要从学生的作文实际出发：从学生作文的"神笔"出发，如，某个学生的外貌描写特别好，大家一起来学一学、练一练；从学生作文的"败笔"出发，如，好几个同学的场面写得很简单，不细致，大家一起来练一练、学一学、写一写场面描写。这样的"练"，走的是"无序之序"——学生的写作实际状况所指引出的"序"，就是最好的"序"。大师格罗培斯设计迪斯尼乐园的路径，让人撒上草籽，任游人踩出一条条"路"来，这就是最好的"路"。格落培斯走的也是无序之"序"。走无序之序，不是说不需要"序"了，恰恰是更高要求上的"序"，教师的肚子里必须装有一个完整的"训练系统"，不然，"无序之序"就会变成"无照经营"。

本文刊载于《人民教育》2010年第18期

No.6：
"发现"重于"观察"

别陷进"观察"的泥潭里不能自拔

很长时间里，人们信奉"写作是客观事物的反映"。客观的事物需要客观的观察，作文教学由此陷进"观察"的泥潭里不能自拔，认为只要学会观察，有了观察方法，一定会有源源不断的写作材料、写作内容。

天知道这是个怎样的误会。我看到水壶里的水烧开了，壶上的盖"噗噗噗"地动，看了一千次，我也没看出个"管瓦特"来。同样，我的脑袋被苹果砸了一万次，即使砸出个肿胀的"牛头"，也成不了牛顿……

有人说，观察最重要的手段是眼睛和耳朵，那么你如何解释，又盲又聋的海伦·凯勒，怎么能够成为举世闻名的大作家？写作内容真的是靠睁大眼睛、竖起耳朵观察得来的吗？课堂上学生睁大那双圆溜溜的眼睛，看了半天，说："老师，我没东西可写啊。"为什么没东西可写？因为没有灵感，而所谓"灵感"，就是发现了别人没发现的名堂。这"名堂"不是靠眼睛、耳朵能发现的，而是靠内在的心灵发现。作家是，牛顿和瓦特也是。

我很高兴看到，"写作是客观事物的反映"的观点被越来越多的人否定。相反，"写作是客观事物进入人的心灵的反应"的观点，已成为越来越多人的共识。对写作而言，重要的不是进入你大脑的是什么，而是进入大脑后的那些东西在你心灵的湖泊上激起怎样的"浪花"。参观世博馆，走同样的路线，看到的、听到的都差不多，那么完全不同或有很大不同的是什么？是心灵的反应，参观后有人兴奋，有人无聊，有人觉得无所谓，有人随大流，有人觉得浪费时间，也有人觉得蛮有意思……

写作最要紧的，是要写出"不同"，陈词滥调除了浪费纸张，没有其他作用。写作的"不同"是什么？是心灵反应的不同，它们由写作者的情感、态度、价值取向决定。在写作中，重要的不是你看到了什么，而是你看到的那些东西引发你内在的情感冲突、心潮起伏。外部的世界，至多是内在反应的一个"药引"。

作家尚爱兰回顾女儿蒋方舟的成长过程，说："发现题材，是最最重要的写作才能。如果做不到这一点，那就等于文字的'高位截瘫者'，他的文学生活不能自理，要靠别人才可以存活，等于是一个高度迟钝者，到处都是食品，根本就看不到哪一种是可以吃的，要别人指定了才知道吃。"注意，这里强调的是"发现"，而非"观察"。因为"观察"只是"发现"的一个外部条件，而且是不成正比的外部条件。眼睛好、视力强或者听觉好的人，不表示他善于"发现"；一个掌握观察方法的人，也不表示他善于"发现"。

有一种观点，写作文要"留心观察"。我认为这四个字，重点不是"观察"，而是"留心"。"老婆大人"找家里的东西，总比我快、狠、准，不是她视力好，而是她对家里的东西"留心"。不"留心"，便不能将"心""留"在你所观察的对象上。同样的道理，你让学生反复观察，学生也装模作样地看，任教师起劲地渗透相关知识，学生写出来的东西，照样干巴巴，一点味道也没有。

文字之所以有"干"和"湿"的分别，原因也在于文字中是否注入了个体的情感、情趣，那些没有情感、没有情趣的人，即使眼睛睁得再大，文字照样"干"得难以下咽。写作，要的不仅是"走进生活""贴近生活"，因为每个活着的人都在"生活之中"。写作还需要"留心生活"。你让学生观察水仙花，首先要做的，不是急着观察，而是要让学生的心"落"在花上，学生真喜欢水仙花，真想把那份情感倾吐出来，也就有了写作。一个"留心生活"的人，就算鼻子没有嗅觉，他笔下的水仙，也会芳香扑鼻。

心理学家观察力失效的启示

42名观察能力很强的心理学家，正在德国的哥廷根开会。突然两个人破门而入，一个黑人持枪追赶着一个白人。随后，两人厮打起来，只听一声枪响，一声惨叫，两个人又追逐而去。高速摄影机记录下了短短20秒惊心动魄的瞬间。

随后会议主席宣布："先生们不必惊慌，这是一次测验，现在请大家把看到的情况写下来。"测验结果，没有人全写对，只有1人错误在10％以内，13人错误在50％以上，有的甚至一派胡言。观察能力很强的心理学家，其答案为什么与摄像机记录相差甚远？心理学分析，那是因为事先没有宣布"观察目的"，事件太"突然、短暂"，人们无法在持续注意中感知。

这个实验对作文教学有什么启示呢？

第一，真正的写作来自生活，生活从来不会提示你下一秒是什么，也不会事先宣布"观察目的"。在没有"观察目的"的情况下，观察力很强的心理学家尚且出现那么多差错，何况小学生呢？

第二，生活中绝大多数事件，都是突然、短暂的，不可能预留充足的时间，等你观察好了再消失。也就是说，若想在"持续注意中感知"，几乎不可能。

第三，心理学家的答案没有全对的，正好说明写作的丰富多样。写作，要的正是"错"得"不同"。如果所有人写得都跟摄像机记录一样，那便不成其为写作了。写作的目的是表达各自内在的"不同"。

第四，托尔斯泰说："要描写一个人是不可能的，但是可以描写他给我的印象。"想要用"观察"来描写一个现象、事件，不可能，你只能描写现象、事件给你的印象。所谓印象，是事物在人心灵中的不同投射。"来了一个驼背的小老太婆，嘴大得咧到耳根，下巴哆嗦着，像鱼似的张着嘴，尖尖的鼻子，好像越过上唇朝嘴里探望似的。"没有人的鼻子尖到这个程度，也没有人的嘴大到这个程度，那么，是高尔基的描写出了问题？不是，他只是忠实于自己的印象和感受——我以为，内在的印象和感受，即是"心灵的发现"。

多少年来，语文教师围绕着"观察"教作文。没有教好作文，也从不敢怀疑是否是"观察"出了问题，而是怀疑自己的教学出了问题。不妨听一听作家严文井的话，他说："作家要了解的东西，最重要的是人，人的内心。而这些东西偏偏不是在你想观察的时候，仅用观察这个办法就能得到的。可能正相反，当你并未想观察的时候，它们突然跳到你面前来了，我的有心观察，常常是毫无所得，虽有所得我又不能用来写作品。"

鲁迅写了很多童年、少年时的故事，而那些故事发生之际，他还没想过要当作家呢。"文革"中，很多作家下放农村接受再教育，绝了写作的念头，也没有刻意观察过农村生活，但后来却写出了大量感人至深的"伤痕文学"作品。"刻意"的观察对真正的写作而言，往往意义不大，甚至可能会出现反作用。而无意中留在心灵中的那些事件、情感，才能真正哺育写作。

写作，重要的是去关注自己的心灵，去发现"无意中印在心灵上的"是什么。拿起笔来，写下的正是那些无意印在心灵上的东西。

打开内在的"眼"

观察，将人的目光引向外在；发现，则将人的目光引向内在。外部世界是相对固定和稳定的，而每个人对事物的内在感受，是个别的、独特的，所谓冷暖自知。所以歌德说，作家除了有眼耳鼻舌身感官外，还有一种"内在感觉"。写作，要将人的目光从纷乱的外在，引向沉慧的"内在感觉"。

人的内在，比外部世界更广阔。关注你的内在世界，将会获得一个更为广阔的写作世界。"比天空更宽阔的是人的心灵"，绝不只是诗意的描述，它是真实的存在。一个人，一刹那会产生960个念头，一昼夜有多达13亿个念头。如果把一天的念头捕捉住，能写10万本书！

你做过持续时间很长的梦吗？科学已经证明，最长的梦，不会超过五秒。为什么你会觉得梦很长？因为人意念的速度远超过"光速"。刚想到"太阳"，就飞到太阳上去了；一想"银河系"，就到达了银河系……大多数人并不知道自己的念头里面有那么丰富的内容，有那么迅速，快到让你无法捕捉、辨识和记录的瞬间。而写作者，要修炼的正是捕捉内部世界那些稍纵即逝"念头"

的能力。

所以，写作要"反其道而行之"，要有意识地削弱外在的感官刺激，注意内在心灵的活动。我对"观察"的一大担忧是，一天到晚强调要学生睁大眼睛、竖直耳朵，观察外部世界，他们很容易被纷繁复杂的世界迷惑并迷惘，渐渐丢失了自我，听不到自己内在声音的召唤，也看不见内在的自我世界。如果是这样，他们能成为怎样的人，又能写出怎样的文章？

作文是"自我表达"，这个"自我"，是"内在的自我"。不去关注守护、捕捉内在的世界，你永远不会敏感；一个不敏感的人，永远也进入不了写作的境界。

孙绍振先生称"心灵的发现"为"自我观察"。他强调，"作家观察的终点是人物的内心活动"，还说，这种观察自我内部的感觉，是衡量一个作家有没有才气的重要分水岭，"没有一定的内部自我观察，任何外部观察都不可能深入"。我认为，"发现"与"观察"二者无法统一，因为将它们统一在一起的结果，是给读者、教师造成一种错觉：作文教学最重要的还是"观察"。

作文最讲究的是"神"，那么"神"在哪里呢？不在你通过眼睛的"观察"里，而是"闭目"才能"养神"。只有闭上外在的"眼睛"，打开内在的"眼"，"神"才能出得来。发现来自对写作的"牵挂"。"你这人怎么长得跟作家似的。"这句话不是夸人多么有写作才华，而是说他多愁善感。作家需要多愁善感，因为不多愁善感、不敏感，就无法获取心灵的发现。换一种说法，一个写作者，要时刻"牵挂"着他的写作。

当你牵挂起写作，灵感"女神"也会牵挂起你。在我看来，作文教学失败的原因之一，在于学生对写作失去了那份应有的牵挂。一堂作文课，学生写好了作文，解放了，等到下次作文，两次作文之间，隔着长长的日子，学生"牵挂"了吗？没有。因此，作文教学要成功，就要使学生经常处于"写作的发现"中，不把作文看成外在于生活的事。生活在写作中激扬、写作在生活中飞扬，生活和写作水乳交融，这也是我的"作文教学革命"追求的理想。

习惯写日记的人，习惯"一根筋"吊在写作上的人，一定会时常与灵感邂逅。每天都有了"牵挂"，每天都写一点东西，每天都在"寻觅"写作的内容。可是让每个学生都写日记，那实在是难为学生，试想，又有几个语文老师能做到呢？所以"己所不欲，勿施于人"，自己做不到的事，请也不要强加到学生头上。但我们可以找个折中的法子，比如写"每日简评"，每天用三五句话简要记录一件事。这样做表面上是在帮助学生积累写作材料，实际上是让学生每天"牵挂"写作，保持写作的状态。

有了对写作的牵挂，便会留心生活中的喜怒哀乐和自己的观点，也就渐渐变得敏感和富有洞察力。如果没有了这份牵挂，任凭丰富的生活流失，时间一久，即便有了好东西，你的发现也会迟钝。写作的牵挂能使人变得敏锐，也使人更清醒，对生活更投入，也更超脱、更贴近，又更保持距离。从这个意义上讲，作文教学就是写作教育。回归内在发现的写作，就是走向人的内心的写作，它是人的存在方式。

本文刊载于《人民教育》2011年第5期

No.7：

小学生作文常见的六种"口语"病

起步作文，"怎么说就怎么写"，可以。起步后，老"怎么说就怎么写"，那不行。口头说的话，变成纸上写的话，即口头语转变成书面语，要"过滤"，"过滤"掉那些啰唆、不干净的语言。以我的经验，90%以上的小学生，都有以下的语言病：

1. "然后"病

我把"快乐大本营"里古晨说的话，记录成文字，出示：

（1）我的亲姐姐，然后她也是一名模特，然后我们演一个……

（2）然后就是08年春晚的时候，然后章子怡，穿着一个粉色的大泡泡裙……

大家念着，忍不住笑起来。作文，能不能直接将古晨说的话记录下来？——"不能！"

口头的话，要写成作文，即变成书面语，要过滤，要使语言干净起来。我将句中的"然后"删去，学生说"这样读起来才顺嘛"。

出示：

（1）陈咏琪看了一下要多少钱，然后对我说……

（2）她穿上背心，扛着水枪，然后又拿出玩具小号叫我吹。

我在"然后"下画了线。阿丙一看，明白了：删去"然后"。我板书："然后"病。

再练习：

(1) 他把我新买的汽水喝得一滴不剩，可恨啊！然后，我跑到他书包背后，把他最好吃的一包零食给吃了。他竟然不知道，不过也对，他的零食太多了，哪记得清。

(2) 她给我倒了杯温水，又给我煮了碗白粥，喂了我，然后叫我赶快上床，然后，又拿了拖把里里外外拖了一次，一直忙到深夜……

小乙说，第一句，删除"然后"。第二句，那两个"然后"，也用不着。

书面的话，真正要用"然后"的地方，不多。绝大多数的"然后"，是口语中的啰唆带来的。

2."开始"病

(1) 开始种菜了，我把耙子插进土里……

(2) 开始洗头了，妈妈把热水瓶拿过来放在一个地方……我开始帮妈妈洗头了……

(3) 开始实验，我们先把导线在铁线上绕圈……我们也马上重整"军心"，开始第二次实验。

画去第一句里的"开始"，"种菜了"不已经表示"开始"了吗？第二句里的"洗头了"，不已经表示"开始"了吗？

事情本身的发展，往往已经含有"开始"的意思，不需要另写"开始"了。

(1) 大甲他们坐在后面，成绩不照样很好？开始排座位了，我们按照个子高矮排好……

(2) 我和几位同学聚在一起，开始互相倾诉自己心中的烦恼。大家你一言，我一语，不知不觉就到了吃晚饭的时间了。

大甲说，第一句里的"排座位了"，已经含有"开始"的意思了。第二句里的"互相倾诉自己心中的烦恼"，不已经"开始"了吗？

这是又一个常见的语言的病:"开始"病。

一些"开始",可以换成其他的词。我请大家将"开始一个月,我很认真,把奶奶教我说的每一句话都记在心里"这句话里的"开始"换掉。

丁丁改为"头一个月",戊中改为"前一个月",大甲改为"第一个月"。

大家发现,意思没变,"开始"没了。

我想挑战一下自己的耐心和细心,就开始绣"十字绣靠枕"了。

我画去"开始",大家一读,觉得有点不顺口。

丁丁改为:我想挑战一下自己的耐心和细心,对,绣"十字绣靠枕"。

戊中也有了办法,改为:我想挑战一下自己的耐心和细心,就绣起了"十字绣靠枕"。

所有的"然后""开始",只要你想改、想换,都能改、都能换,汉语多丰富、多好玩。

习惯用"开始""然后"的同学,常和"先""接着""最后"合起来使用。请看:

我们来到操场上练习。一开始,我先把速度控制在中等,然后慢慢转弯,接着,我转弯的角度越来越小,我的速度也越来越慢,最后,我终于成功地在三条跑道里,成功掉头。

把里面的"一开始""然后""先""接着""最后"删除,剩下:我们来到操场上练习。我把速度控制在中等,慢慢转弯,转弯的角度越来越小,我的速度也越来越慢,我终于成功地在三条跑道里,成功掉头。

丁丁说,第二个句子里,"我"太多了,删去"我的速度"中"我的"。

大甲说,"我终于成功地"一句,和上面好像太紧了,但不知怎么改。

句子和句子之间,要缓冲一下,有个简单、经济的法子,加"啊""哎""嗨"之类的语气词。

改为:"我们来到操场上练习。我把速度控制在中等,慢慢转弯,转弯的角度越来越小,速度也越来越慢,啊,我终于在三条跑道里,成功掉头。"

和原句一比较,没了"然后""开始""最后",读起来,多顺畅。

哪些作文,容易患"开始"病、"然后"病、"接着"病、"最后"病?

大家一合计,写洗衣服、做家务,一个实验、一个小制作。对了,写学做什么事的，都容易"患病"。

3. "其实"病

除了"然后""开始"，口语中用得多的，要算"其实"了。请看：

（1）其实，我妈对这个更烦恼，天天嘀咕："你的眼睛怎么办呀？"

（2）其实我感觉什么事都要有计划，复习要有计划，下棋要有计划，人生也要有计划。

删去"其实"，一点也不影响表达。口头用惯了"其实"，不知不觉带进作文里了。

4. "在"病

（1）在路上，遇到了教我们英语的丁老师。

（2）在校园里，梧桐树叶像蝴蝶一样落下来……

（3）在星期五，我们班召开了一次主题队会。

以上三句的"在"，都可以删去。写"人"在哪里，一般只要写"哪里"就够了，这个"哪里"本身已表示"人"在那里了。

写"时间"，一般也只要写"时间"，"星期五"也包含了"'在'星期五"。

5. "就"病

（1）刚握好手，石老师就一眼发现了我放在她手里的"七仔"，好像十分喜欢。

（2）我在楼梯上就大喊："妈妈，妈妈……"妈妈见我这么高兴就问："怎么了，那么开心？"

（3）"唔，非常好。"然后我就开始数数了，"10—9—8—"爷爷有点坚持不住了，我就鼓励他："爷爷要坚持住噢！"

"就",也是口语中经常超频率使用的词。把三句话中的"就"字全删去。大甲补充,第三句,"然后"也要删去,"开始"也有问题。

"老师,第二句的'在楼上'的'在',能不能删去?"戊中发问。

按我的写作习惯,会删去。大家一脸疑惑地看着我,删去了,不通啊。我改成:楼梯上的我大喊:"妈妈,妈妈……"

6. "是……的"病

我们说到某个肯定的事情,说出某个肯定的结论,习惯用"是……的"。请看:

(1) 这件事情我是知道的,你不要再说了。
(2) 灿烂的阳光照得我全身都是热烘烘的。
(3) 阿正不甘心,又试了几次,结果不用我说了,都是以失败而告终的。

第一句,删去"是……的";第二句,删去"都是";第三句,删去"都是……的",句子简洁、干练。

写作文,注意"是"。"是"字太多,句子会失去"柔性"和"弹性",也缩小了读者思考、想象、判断的空间。

本文刊载于《小学语文教学》2011年第10期
人大复印报刊资料《小学各科教与学》2011年第12期全文转载

No.8：

"故事力"：儿童作文的核心素养

从"全面平庸"里解放出来

儿童写作文，处于马不停蹄的"奔波状态"：才写了"事"，又得写"人"；才写了"人"，又得写"景"；才写了"景"，又得写"建议"……

你方唱罢我登场，教师教得力不从心，学生学得应接不暇。"教得力不从心"，教师要对付那么多种类的作文，真不是个简单的活儿；"学得应接不暇"，这个刚上手，还没焐出点热气，又塞来个新东西。"猫头上抓抓，狗头上挠挠"，什么都学，什么都没学出个样，只好"猪头肉，三不精"。

这怨不得教师。教材里，看图作文、编写童话、状物作文、写景作文、写人作文、记事作文、写日记、写新闻、写建议书、写请假条、写调查报告、搜集资料写作文、扩写改写、写信、写读后感……教材这么编，老师自然得这么教呀。

钢琴、手风琴、小提琴、大提琴、琵琶、吉他、笛子、箫……乐器种类繁多，学乐器，没有说要从"钢琴"学到"箫"，所有乐器，通学一遍。篮球、排球、台球、乒乓球……球类很多，也没人说，学球要把所有的球通学一遍。

一个人再有天赋，也禁不起瞎折腾。每个人只有找到自己的"点"，才能成为"最好的自己"。一个人若浑身上下都是"点"，这些"点"还要同时

"开花结果"，那就不是"人"了。人身上的"花"，大都一朵一朵地开；果，要一个一个地"结"。"全面发展"，不是一上手，什么都要学，"全面发展"地学。"全面发展"的"全面发展"，产生的往往是"全面平庸"，"全面平庸"又生出"全面憎恶"：人，处在平庸的位置上，要么憎恶"位置"，要么憎恶自己。

作文这东西，放眼望去，哪个学生适合写童话，哪个学生适合写诗歌，哪个学生适合写新闻，谁也没那个眼力啊。

那么只有挨个儿去试？这不失为一个好办法。但问题在于，你试出了这个孩子适合写新闻，那个孩子适合写童话，另一个孩子适合写报告，接下来，你怎么教？你若还跟着教材一个接一个地教，所有的"试"都是"白试"。

儿童作文，要从"全面展开"的"全面平庸"里解放出来。

抓住"故事"这个"牛鼻绳"

其实，作文教学不必在外在形式上折腾，要在内在的"核"上做文章。

找到儿童作文的"核"，也就找到了突围之路。我以为，儿童作文的"核"，名叫"故事力"——让儿童讲清、讲好自己的故事，那是一个人最基本也是最重要的作文能力。

"故事力"训练是作文的"童子功"，好比练武之人的桩功、掌功，而各种文体训练，便是各路拳术的一招一式。桩功、掌功没练好，招式再漂亮，一上阵，马脚尽露，花拳绣腿，禁不起人家结结实实的一巴掌。

童子功，什么时候练最适宜？当然是"儿童期"。

小学三到五年级的作文教学，要让孩子老老实实地学写故事。咬定"故事"不放松，就能打好"写故事"的功底。六年级，再学写信、写新闻、写读后感，一点也不迟。桩功、掌功练好了，其他的都好办。盯住故事，写上两三年，每个孩子都能看到自己的进步。一个会写故事的人，不用担心他不会描写、抒情，乃至议论；一个会写故事的人，也不用担心他不知道写外在的景、内在的情；一个会写故事的人，更不用担心他不会其他文体的写作……抓住"故事"这个"牛鼻绳"，儿童作文便能从千头万绪中解脱出来。

儿童天生的"故事属性"

"最简单的写作就是最好的写作",因为"简单"到你不以为自己是在"写作",那才是真正的写作。

儿童作文,一旦指向儿童自己的故事,便有了写不完的事儿。儿童的生活本身就是由故事构成的,他们是天生制造故事的高手。只要他们讲起自己的故事,便会手舞足蹈,忘乎所以;只要他们写起自己的故事,就很容易忘了作文这回事,只是一次重新经历,这是最好的作文状态。

要知道,没有一个儿童想过"平静的生活"。孩子憧憬故事,迷恋故事,渴望故事。没有故事,儿童似乎就失去了"活泼"的气息。学习平平而在伙伴中有较高威信的孩子,往往都有制造故事的"领袖"才能。他们还把握不住"故事"和"事故"的差别,一不小心,"故事"成了"事故",于是,一个个可爱的"调皮鬼",都成了"可恶"的"捣蛋鬼"。对于作文而言,"事故性"故事,更曲折、更迷人、更吸引读者。

"后进生""头疼生",往往拥有丰富的故事。他们只是没有意识到,也从没有人告诉他们,他们经历的"事故"到了作文里,居然会是"宝藏"。作文很简单,无非是用自己的笔写自己的事儿。然而,我们的作文教学,很少真正让儿童写自己的故事。有教师说,我也让学生写自己的故事,他们没故事呀。不是儿童没故事,而是他们没有教师"要的"那种故事。

儿童故事的价值观和大人"要的"故事的价值观,是如此的不同。小时候,裤兜有一回破了个洞,烟壳从洞里跑掉了,好一阵子,我都提不起神来。那烟壳,在大人眼里只是扔掉的垃圾而已。反过来,大人眼中重要、重大的事情,在孩子的眼里,可能根本不是那么回事:一个幼儿园孩子的眼中,脖子上的白金挂件,远不如伙伴们手里正玩着的"肥皂泡泡"。

一位同学在作文里称吴凡为"狗凡"。我说,绰号是美好童年的一部分,不过,绰号不应伤害当事人,当事人若不接受,以后就不要叫了。我问吴凡:"你接受'狗凡'吗?"我原以为,吴凡一定不会接受,我可以顺着"不接受"往下"教育"。没想到,吴凡说"我接受"。课后吴凡告诉我,狗,在他们眼里，是跑得很快的动物，叫他"狗凡"，是夸他跑步速度快。

　　不充分认识儿童、儿童故事，不充分尊重儿童、儿童故事的价值取向，作文教学不可能指向儿童的心灵，不会有实质性突破的一天。有人说，一切教育的幸福，在于我们理解了儿童；一切教育的不幸，在于我们误解了儿童。作文教学亦然。当儿童写出了自己眼里、心中的故事，成人一棒子打过去：你那也叫故事，这些也都写成作文？——一切都完了。

　　成人眼里毫无"价值""意义"的游戏，儿童可能制造出纯粹的故事。游戏的本质是故事。有游戏、有故事的儿童，才生活得精神抖擞；排除在游戏、故事之外的儿童，总显得萎靡不振。儿童与故事的关系，恰似人与影子的关系，只有阴暗的日子，影子才会消失。哪怕一丁点儿的星光，影子就回来了。然而，儿童自身并不清楚，自己一天到晚活在故事里。生活在故事中的人不知道真相，正如地球上的人时常忘了地球引力一样。没有感觉到在制造故事，这本身说明，儿童天生具有"故事属性"，儿童与故事浑然一体。

　　有人说，"故事"是人的基因遗传的组成部分。这话不一定能从遗传学角度考证，不过，儿童真的离不开故事，有故事的童年才是充满生命质感的童年。儿童的作文指向自己的故事，那么，作文一定具有童真、童趣。儿童的作文指向自己的故事，那么作文就是儿童心灵的窗口，经由这个窗口，语文教师将步入儿童的心灵世界，作文将成为师生之间一座心灵的桥梁。

进入作文训练的"核"时代

　　儿童天然具备讲故事的冲动。当然，这不等于说，不用教师教，儿童便能写出一个个精彩的故事。指向"故事"的儿童作文，学生的学，有了向心力；教师的教，有了主心骨。这个主心骨，即"故事力"。

　　孩子怕作文，第一怕字数不够。如果拿起笔来，能轻而易举写上五六百字，作文还有什么可怕的？大凡写不长的故事，故事里的"人"都是不开口的"哑巴"。如：

　　有一天晚上，我有一道数学作业不会做，她就跟我仔细解题，但我怎么搞也搞不懂。妈妈就跟我一字一句地慢慢说，最终我们在11点前完成了。

妈妈"跟我仔细解题",说了多少话呀;"我怎么搞也搞不懂","我"又说了多少话呀。可小作者呢,偏不让妈妈和"我"说一句话。所以,只有让故事里的"人""开口说话",学生才能摆脱字数的困扰。

"故事力"训练,从"对话"入手,最直接、便捷,因为听觉语言转化为书面语言,基本上是听到什么,写下来便是了。

"说话句"具有较强的包容性,能将人物说话时的动作、神态、心理,全都"揉"进来。人物的对话,由"提示语"和"说的话"组成。提示语,往往要描写"人"说话时的种种表现、想法。

作文中的"对话"练习,大致要有如下步骤:①认识作文中的"人"原来如此会"说话"。②"说话句"的五种形式。③表示"说"的字词有很多。④精彩藏在"提示语"中。⑤提示语位置的细微差异。⑥说的话要符合人的特点、身份。⑦各种说话句的综合使用。⑧"直接说话句"和"转述"的差异。⑨哪里写"对话",哪里不写"对话"。⑩返璞归真的提示语。

绝大多数的故事,都伴随着一连串的"对话",写好了"对话",故事也就"有声有色"地写出来了。

也有的故事,极少有人物"说话"。如:

到了考试,我领到卷子一看,还好,这都是我做得来的题目。我认真地做考试卷,终于写完了,然后,我一丝不苟地检查,下课铃响了,我趁着最后的时间再次检查了一遍,确保没有问题后,才放心地交了试卷。

考试,没有"人"说话,要写"考试故事",怎么办?

与"外部语言"相对的是"内部语言",一个人会闭上说话的"嘴巴",但内部的心理语言,则永远也断不了,哪怕你睡着了。因此,做考题、检查试卷,嘴巴不动,内在的心理语言却几乎可以把人"淹没"。

有了内部语言的注入,看似无声无息的故事也能讲得绘声绘色。"下节是语文课,老师说要检查背诵情况","老师说"就那么几个字,注入内心的感受,文字便飞起来了:

• 糟了、糟了,我以为明天老师才检查,昨天做完作业,还上了一小时的网。怎么办、怎么办,要是背不出来,传到妈妈的耳朵里,不骂死我才怪呢。

• 我有两个地方不是很熟,老师都有火眼金睛的,专门抽你背不出的地方。要是抽到我不熟的段落,那就惨了。快,趁课间还有几分钟,临时"抱佛脚","抱"得熟一点……

"故事力"训练的第二步,即关注内部语言,大致步骤有:①讲故事:认识内部语言是相对于外部语言的真实存在。②猜谜语:体察活跃的内部语言。③闭气60秒:感受并捕捉内在的心理感觉。④谁写的:有一种内部语言叫"推理"。⑤选哪个:内部无处不在的隐性选择。⑥突然袭击:有层次地写出内心体验。⑦一次特殊的听写:作文要忠实自己的内部语言。⑧经常性练习:和内部语言对话。

好的故事,不需要构思。但世上完美的故事实在太少,故事也要"化妆",好的构思,能补救故事的不完美。

比如一只小鸟和一只驯鹿在森林里一起游玩。这故事初听没什么吸引人的。但某版教材的课文《会走路的树》这么写:春天的早晨,一棵金色的小树在树林里走来走去。小鸟看见了,好奇地问:"你能让我到你身上坐一坐吗?""当然可以。来吧!"小树带着小鸟玩了好一会儿,才把小鸟送回家……这里,作者巧妙地构思,将故事救活了。

如何帮助学生构思好的故事,小学可有一些适当的训练:①构思,一件十分常见的事情。②构思,弥补故事的不完美。③构思,有一定的游戏规则。④起步,让读者看出你的构思。⑤升级,力争拥有几条"构思线"。⑥高明地藏起你的构思。⑦构思,发现内在的关联。⑧构思,把"布"想成"衣服"。⑨构思,材料的整理与取舍。⑩构思,寻找故事的"曲折点"。⑪构思,只是一种新习惯。

围绕着"故事力",教师教得明确,学生练得明白,两三年下来,学生的作文能力,一定会有清晰的变化。这两三年间,如果教师能见缝插针,相机训练诸如场面描写、环境描写等写作技巧,便是锦上添花。没有,也不碍事。

作文指向了儿童自己的故事,他们不再为"写什么"发愁,作文教学的重心自然也就从"写什么"转移到了"怎么写"。

本文刊载于《人民教育》2012年第5期
人大复印报刊资料《小学语文教与学》2012年第7期全文转载

No. 9：

教给学生更有价值的10%

指向写作：阅读教学的新阐释

语文学习中，课文的阅读与一般的阅读有着本质的区别。

我的阿弟，初中没毕业，补考后拿到了毕业证。他看报纸，少有看两遍的，我问他看得懂吗？他很不屑地说："这有什么难的。"而小学课本里的一篇课文，长至千文，小学高年级学生自读3遍，90%以上也都能懂。

课文的阅读与日常的阅读，区别在于剩下那弄不懂的10%。那么，这10%是内容上的"深意"吗？在我看来，这些内容就算语文老师反复讲了、引导了，学生也不一定懂，因为它们需要背景知识、人生阅历、情感经历的支撑。我们常见的是，有些课文内容，教师一层层地讲透了，学生也点头了，却很快成为了他们的"冷"知识，只有到了考试，才拿出来"对付"一下；更多的学生考试时也拿不出来，教师只能整理出知识点让学生背。无数的深度"解读"、深度"理解"，"解"的是考试。对学生来说，这些东西可能是精神上的"揠苗助长"，讲得越多，负面作用反倒出来了：学生对课文越来越不感兴趣。

真正的阅读教学应该教给学生更有价值的10%。这10%不能把阅读教学的重难点仅仅停留在对内容的理解上，而是要放在研究课文"怎么写"上。

指向写作的阅读教学，是一种专业的语文学习。王尚文先生说："其他课程的教师是为了了解它说了什么——呈现了什么事实、传播了什么知识、表述了什么观念等等，即课文的言语内容；而我们语文教师出于培养学生理解与运用语言文字的能力这一独特目的，就必须关注课文'怎么说'，必须侧重课文的言语形式。"因此，语文学习与其他学习的本质区别在于关注课文"怎么说"。

专业的语文学习并不排斥"内容的理解"。要知道，对内容的理解是对写法理解的基础，没有对内容的基本把握，"写法"的理解也会似是而非，一知半解。然而对内容的理解一定要简化，教师不必花太多气力去死"抠"课文。

专业的语文学习也并不排斥阅读理解能力的训练，不过这种阅读训练要直指阅读理解的核心能力，而不仅仅是要求学生把课文中的反问句改成陈述句；或是找到了文章的中心词"机智"，反反复复让学生找"哪些地方可以看出主人公的机智"。每节课的阅读理解能力训练不应求多，一两点即可。剩下的教学时间，都可以指向写作。

因此，指向写作的阅读教学中，对课文内容的理解本身不是目的，理解的背后，站立着"为什么写""为什么这样写"这些追问。

再"简单"的课文也值得教

常有教师说，小学这么简单的课文有什么好教的。但是，如果阅读教学指向了写作，再"简单"的课文，也有不简单的一面。以小学二年级课文《狐假虎威》为例：

1. 这篇文章有4个说话句，有3种说话句的形式：

- 狡猾的狐狸眼珠子骨碌一转，扯着嗓子问老虎："你敢吃我？"
- "为什么不敢？"老虎一愣。
- "老天爷派我来管你们百兽，你吃了我，就是违抗了老天爷的命令。我看你有多大的胆子！"

其中，一个提示语在前，一个提示语在后，一个没有提示语，说话句又独立为一节。很多学生不会使用多种形式的说话句，为什么？因为我们在平常的阅读教学中很少将这个内容作为重难点来教给学生。你看，第二个说话句的提示语"老虎一愣"，用老虎的神情作为提示语，不直接带"说"字，多么精彩！

2. 很多教师抓住"狡猾的狐狸眼珠子骨碌一转"这句话，让学生联系下文猜一猜"狐狸想了什么"。这个环节设计得很好，但是还没有到位，应该进一步让学生思考：狐狸想了很多，作者为什么一字不写——很多学生写作文，时常在类似"眼珠子骨碌一转"的后面，把心中的想法全带出来了。课文没写，这不正是作者的高明之处吗？不写，为的是慢慢铺开狐狸的计划，这才叫引人入胜！

3. 小鹿、兔子看见狐狸的反常行为，相互间肯定有"话"要说；他们见到老虎来了，也肯定有"话"要说。但作者为什么不直接写出小鹿、小兔的对话呢？因为文章要突出的是狐狸和老虎，小鹿、小兔只是配角。所以，写作的秘密在于：人物的对话要有选择。

4. "狐狸神气活现，摇头摆尾；老虎半信半疑，东张西望"，"狐狸"后面是两个四字成语，"老虎"后面也是两个四字成语，读起来特别有节奏感——如果改为"狐狸神气活现，老虎半信半疑"，节奏感立刻消失了。句中的"摇头摆尾"和后文的"大摇大摆"，同一个意思，这样用词，避免的是近距离重复。

5. "狡猾"一词，课文中出现了一次，即"狡猾的狐狸眼珠子骨碌一转"。如果把句中的"狡猾"改为"聪明"一词，那么整个故事的意蕴就全变了。你看，一篇作文，用错了一个词，便会造成基调的完全不同——一个词可以改变一篇作文，一句话也可以改变一篇作文。

阅读教学指向了写作，即使把二年级的《狐假虎威》拿到五、六年级来教，也显得不简单。指向了"写作"，任何一篇课文都有很多可学的地方。

从"写什么"转向"怎么写"

《郑成功》（苏教版11册）中有一句话："民族英雄郑成功收复台湾、建设台湾的伟大功业，是我们永远也不会忘记的。"

以讲解内容为重点的阅读教学，会这样"折腾"：为什么说郑成功是民族英雄？哪些地方能看出郑军官兵的英勇？不折腾一两节课，那就不叫"阅读理解"。教师讲得口干舌燥，学生听得了无生趣。事实上，教材的选文早就考虑到学生的阅读能力，是以学生能读懂为基本标准的。因此，内容上用不着这么"折腾"，而真正该"折腾"的地方正是在"怎么写"上。

我认为，如果指向写作，这一课的教学重点可以这样设计：

1. "收复台湾"有 4 个小节，分别为"鼓舞士气"138 字，"操练水军"127 字，"攻打台湾"211 字，"欢庆胜利"110 字。其中，"鼓舞士气"中写"卫兵"的提示语很简单，就 3 个字——"卫兵说"。这个环节，教师可以这样问学生：如果提示语改为"卫兵赶忙立正，挺起胸膛大声说""卫兵盯着远方，心痛地说"……会比原文"精彩"吗？当然不会！因为课文要突出"郑成功"，而非士兵。提示语该不该写生动、写具体，要看突出的是谁。

2. "鼓舞士气"这一节中有 5 个说话句，我们知道，说话句可以独立成节，如果把该节分为独立的 5 小节，行不行——学生可以联系下文的"操练水军""攻打台湾""欢庆胜利"看出，每个内容都只分一节，段落匀称有美感，同时每个内容只写一节，也便于读者阅读和理解——作文也要这么写。

3. "欢庆胜利"这一部分中，"听说""喜出望外""慰劳""要见""表示谢意"等这些描述说明出现了很多人物，作者本可以让很多人展开对话，而这一段却只用了 110 字，为什么？作者自然有这个能力，为什么不写呢——因为要不要写人物的对话，要不要扩充文章的情节，要看文章的篇幅，一篇千字短文更要讲究详略得当。

教师去挖掘隐藏在文字背后的"为什么写"，仿佛探寻着一条不为人知的密道，教学过程充满了未知的期待，学生会获得一种全新的阅读新鲜感。

从"字词之妙"到"段感""篇感"

学生作文头疼的是"构思"。这跟我们阅读教学中不注意"篇"的教学，有着重要关联。我们的阅读教学太强调"字词之妙"，为了一两个字的"妙"处，讲大半节课都不够，却忘了让学生去领会整篇课文架构上的奥妙。写作文，积累很重要，但积累的不只是语言。比语言更重要的，是"段感""篇感"的积累。下面以苏教版 12 册《理想的风筝》为例，谈一谈在阅读教学中，怎样将"篇"的构思作为教学的主线。

1. 分组快读4、5节，概括为"讲故事""写板书"，再分组快读8、9节，概括为"放风筝""追风筝"。这是用"故事"来写"人"。教师追问："课上"两件事，"课余"两件事，都是"两件"，难道是巧合？不是，这是作者的材料安排，即构思之一。

2. 数一数，每个故事写了几行。"讲故事"14行，"写板书"7行，"放风筝"11行，"追风筝"7行。故事一中如果去掉写刘老师外貌的3行，"讲故事"大约11行，这就有意思了：4个故事一长一短地排列，分别为11行、7行、11行、7行。难道又是巧合？不是，作者的长短安排，即构思二。

3. 文题是"理想的风筝"，"放风筝""追风筝"自然要写，可为什么要写"讲故事""写板书"？这几个故事有密切关联，这是作者的内在安排，即构思三。

4. 写"课上"的两个故事前，有一段写景；写"课余"的两个故事前，也有一段写景，这是用"写景"串联起不同时区的故事，然而开头写景作者用了两节，后面写景作者只用了一节，那么开头两节写景能否合为一节？不可以，因为合在一起，开头显得太重。作者只分出一句"春天又到了"，开头就变得轻巧、有意味了。

聚焦到最适切学生的"点"上去

指向写作，教师要解读出这一篇"独有"的写作奥秘，而不是"凤头猪肚豹尾""围绕中心来写""起因经过结果"之类的老生常谈。解读出了"独有"还不够，还要跟学生的作文现状联系起来。一篇课文的写作奥秘可能藏着好几个，然而跟学生当下的作文现状紧密相关的，可能只有一两个，或者说，学生迫在眉睫、亟须解决的是那一两个问题。

例如，苏教版第10册的《暖流》，我们可以教"场面"，江主席和同学们一起背书的场面；也可以教"对话"，江主席和同学之间的对话——用"对话"写"事"。

经过分析，我最终选择了教下面两点：

65

1. 校图书馆二楼北阅览室，是同学们常常来看书的地方。这一天，王辉早早地来了，他怎么也没有想到几十分钟以后，会接受江主席对他的"考试"——图书馆里，有很多同学，为什么作者只写王辉一个，而对其他同学一字不提？原因是，后文主要写江主席和王辉的故事。这就是写作的"选择"，选择有关的人物来写，无关的，一笔带过或不写。

2. 江主席走到阅览室的尽头，又转过身来笑着问王辉："你知道宋词和元曲有什么区别吗？"王辉作了详细的回答，江主席听了频频点头。他再一次向大家鼓掌致意，然后满意地离开了阅览室——对江主席的提问，王辉作了详细回答，说明当时王辉说了很多话。而文中，"王辉作了详细的回答"的内容，作者一个字也没提。这一省略说明文章的主角是江主席，而不是王辉。但课文最后一节为什么又详细写了王辉的说话内容？这段话表面看写的是王辉，实际写的还是江主席。

为什么选择这两点来教，原因有二：一是学生在作文时经常是选择了故事却不懂得故事情节如何取舍，这是一大难点；二是学生大多知道作文要让"故事中的人开口说话"，却不太明白怎样取舍人物的对话，这也是常见的问题。

指向写作的阅读教学，能有效地避开文本内容的"繁琐分析"。然而教师也常常会掉入另一种"繁琐分析"——对写作手法的"繁琐分析"。因此，阅读教学中我们要注意过程的体验，而不是只讲写作方法。这个过程是对作文的"领悟"，它不是让教师一味去"讲"，而是让学生在经历了思考、推理、碰撞、冲突后，豁然明白。因此，不断去制造"表达形式"上的冲突，让学生在判断与选择中作出回应，是我经常使用的手段。

指向写作的阅读教学，不是简单地贴标签式地说说课文的写作特色，而应从学生的作文实际出发，解读出教材中适用于学生、学生迫切需要的"写法"。换句话说，学生作文中存在的较为突出的、典型的问题，正是阅读教学要关注、渗透、解决的。因此，指向写作的阅读教学，其前提、基础是对学生作文能力与现状的研究和把握。从这个意义上讲，指向写作的阅读教学，要实现的正是"读""写"的完整融合和用"两条腿"走路。

本文刊载于《人民教育》2012年第21期

No. 10：

"指向写作"的阅读课

采访：陈金铭

记者：2007年，《小学语文教师》报道的《管建刚和他的作文教学革命》，引起一线教师广泛的关注。6年后，你的"指向写作"的阅读课、阅读教学，又在小语界引发关注和争议。请问，你为什么提"指向写作"，而不是"指向表达"？

管建刚：表达，含"书面表达"和"口头表达"，提"指向表达"来得中庸，别人抓不住把柄。提"指向写作"，容易被人说三道四，好像你管建刚研究作文教学，把作文教学看得死重死重，完全是个人情感所致，而不是理智的科学研究所得。只好先用"课标"的话来辩解，"写作能力是语文素养的综合体现"。由此做点小小的引申，阅读能力不是语文素养的综合体现，口语交际能力不是语文素养的综合体现。牵牛要牵牛鼻绳。语文教学要提升学生的语文素养，当然要牵语文素养的牛鼻绳"作文能力"。我常把语文比作一座三层小楼，一楼是识字，二楼是阅读，三楼是写作。会阅读自会识字；会写作自会阅读、识字。一楼看二楼，仰起头，脖子酸；二楼看一楼，登高俯视，很容易。三楼看二楼，也是这理。

口语表达能力，几年前就炒得很热。"口语交际"的概念，提得好。然而，"口语交际"要由语文教学来承担，那至少是偏的。课程标准讲"口语交际"："教学活动主要应在具体的交际情境中进行。努力选择贴近生活的话题，采用灵活的形式组织教学，不必过多传授口语交际知识。鼓励学生在各科教学活动以及日常生活中锻炼口语交际能力。"这说明，口语交际不是一门语文学科能做到的，放在语文学科里，只是相对"妥当"些罢了。口语交际能力的培养，不应成为阅读教学的重要任务，至多渗透、植入罢了。并且，这个"渗透""植入"，各门学科都可以做到——哪个学科的教学没有师生、生生的交流呢？

"书面表达"和"口头表达"，不是一回事。很多作品写得好的作家，并不怎么会说。叶圣陶先生就是其中之一。这不是我说的，是朱自清先生描述的。"口语交际"是一门相对独立的学问。语文教学像吃了迷魂药似的，居然要把"口语交际"整合到"阅读教学"中去。学生从"书面语"中去习"口语"，这不说荒谬，至少牵强。村里能说会道、铜牙铁齿的大妈，哪个是从"书面语"学来的？倒是有很多书读得不少的人，时常沉默寡言，比如说管建刚。

口语的表达方式和书面语的表达方式，有相通的地方，更有不通的地方。口语最需要的现场性、交互性、即时性，"书面语"无法给予。以我个人来讲，演讲能力不是看书"看"来的，而是听别人的演讲"听"来的。再者，说得很精彩的人，常有"说"的机会，往往懈怠于"写"。这不只是写作能力、技巧的问题，而是"言说欲"的问题。一个会"说"的人，他的意思已用嘴巴表达了，往往懒得"写"出来。除非，有文秘帮他整理。这也不只是我说的，陈忠实先生也说过。

"指向表达"的说法，大概是很多人不愿惹事的挡箭牌。事实上，"指向表达"的阅读教学，指向的几乎都是"写作"。我丢掉挡箭牌，不是不怕被人当靶子，总要有人当靶子，射箭人的本领才会高起来，对不对？

记者：我们很想知道，从你的思考出发，"指向写作"的阅读教学，跟"指向内容"的阅读教学，究竟有什么本质上的区别？你又是怎么理解这种差别的？

管建刚：作为学习语文的学生，他的阅读跟社会人的一般性阅读，有着本质的区别。这好比，作为导演的张艺谋去看电影，和我们看电影的视角，有很大的不同；作为摄影师的解海龙看画展，和我们看画展的视角，有很大的不同；作为书法家的尉天池去看书法作品展，和我们去看书法作品展，也有很大的不同。张艺谋、解海龙、尉天池们，他们的"看"，内容理解往往是附带的，他们的专业眼光在于：张艺谋会看电影怎么"拍"出来的，解海龙看照片怎么"拍"出来的，尉天池看字怎么"写"出来的。我们这一代人，读了不少的金庸、古龙、梁羽生，却连一个武侠短篇都写不出来。也有不少女教师，读了一摞的琼瑶、席绢、岑凯伦，却连一个爱情短篇也写不出来。小说家看小说，跟我们看小说，很不一样。他们看小说，不是跟着小说里的人一起流泪，一起欢笑，而是看作者怎么让读者跟着人物一起欢笑、一起流泪的。这叫"专业的读"。

"指向写作"的阅读，才是作为专业的语文学习者的阅读本质所在。借用王尚文先生的话，"其他课程的教师是为了了解它说了什么——呈现了什么事实、传播了什么知识、表述了什么观念等等，即课文的言语内容；而我们语文教师出于培养学生理解与运用语言文字的能力这一独特目的，就必须关注课文'怎么说'，必须侧重课文的言语形式"。这不是排斥"提取信息""熏陶情感""塑造人格"。提取信息的能力很重要，然而它不是语文的专业阅读的本质：看新闻可以提取信息、听别人聊天可以提取信息，生活中张开眼睛、竖起耳朵的地方，都可以提取信息。至于"熏陶情感""塑造人格"，凡是艺术，都能对人的"熏陶情感""塑造人格"起到积极的作用。看一篇小说可以流泪，看一部电影更容易让人流泪，看一场话剧更容易让现场的人泪流满面。

"我以为，阅读教学教好了，就不必搞什么作文教学了。"叶老的话有前提，阅读教学必须"指向写作"。不"指向写作"，学生的作文没有"段感""篇感"，怎么可能写得好作文呢？

记者：以往的阅读教学，也重视表达，如我们经常说的"品词析句"，感受"字词之妙"。你刚才提到的"段感""篇感"，是你"指向写作"的阅读课的一个重要特征吗？

管建刚：有一次，我请速记公司帮我整理一次演讲。拿来一看，居然是"一大片"，没有分段的。帮我整理的小伙子打趣道："管老师，你在演讲时又没说：此处分段，另起一行。"一个人说话，总要琢磨这句话怎么说，这里用哪个字或哪个词比较合适。一个人的用字、用词、遣词造句，在口头中经常得到练习，而"段"的意识、"篇"的意识，口头中得不到练习。要是阅读教学也不重视，学生拿起笔来，写出来的，往往不像个作文。作文要考虑先后，考虑主次，考虑层次，考虑结构。

学生作文最搞不懂"构思"。这跟我们的阅读教学不注意"篇"的教学有着重要的关联。我们的阅读教学太强调"字词之妙"，为了一两个字的妙处，大半节课都不够，忘了带学生去领会全文架构上的奥妙。都说写作文，要有积累，积累很重要；然而积累的，不只是语言，比语言更重要的，是"篇感""段感"的积累。以为多积累一些好词好句，就能写好作文，那就太幼稚了。这好比造房子，积累好的钢筋水泥砖头，那当然重要。然而，你若以为，有了这些你就是建筑大师，那就太幼稚了。"篇感""段感"的缺失，跟作文教学从"写话"起步，一开始没有"篇感"意识有关。

"指向写作"的教学重难点，跟"指向内容"的重难点的选择，可能会"殊途同归"，也可能"分道扬镳"。"指向内容"的教学，重点段落大都落在体现"思想感情"的段落上；"指向写作"的教学，重点主要落在"表达奥秘"相关的段落。

我教《郑成功》，重点落在"鼓舞士气""欢庆胜利"，教学"哪里该有提示语、哪里不该有""哪里说话句可以独立为一节、哪里不该独立为一节""哪里该写说话句、哪里不该写"。"指向内容"的教学，一般重点都落在"攻打台湾"部分。重难点选择上的差异，或许是"指向写作"的阅读课跟"指向内容"的阅读课最大的、最有代表性的分界所在。

此外，"指向写作"的阅读教学，教师要解读出这一篇"独有"的写作上的奥秘，而不是"凤头猪肚豹尾""围绕中心来写""起因经过结果"之类的老生常谈。解读出了"独有"，还不够，不能简单地贴标签式地说说课文的写作特色，而应从学生的作文实际出发，选择适用于学生、学生作文迫切需要的"写法"。一篇课文"独有"的写作上的奥秘有好几个，然而跟当下学生的作文现状紧密相关的，可能只有一个两个，或者说，目前学生迫在眉睫、亟须解决的，可能是那一个、两个。换句话说，学生作文中存在的较为突出的、典型的问题，正是"指向写作"的阅读教学要关注、要渗透、要解决的。因此，"指向写作"的阅读教学，其前提、其基础是对学生作文能力与现状的研究和把握。从这个意义上讲,"指向写作"的阅读教学,真正实现了"作文"和"阅读"的链接,真正实现了"读""写"的完整融合,语文教学由此真正实现和谐共振的"两条腿"走路。

记者:很多"指向表达"的阅读课上,都安排"学生写"的环节。甚至有人认为,课上不写,就不是"指向表达"。而你的课上,很少有"学生写"的环节,你却说你是"指向写作"的阅读课,对此,你有什么解释?

管建刚:我以为,阅读教学中的"指向写作",更多的是孕育学生的"写作意识",如篇的意识、篇的路径、段的意识、段的方式、线索意识、读者意识、剪裁意识、剪裁路径等。我的课中,不大让"学生写",那是我看到了阅读课中的"写"的问题:第一,阅读教学中的"写",很多教师往往抓文本的"空白点",让学生"写"。这很有问题。如,有老师教《九色鹿》,课文结尾"国王很惭愧",惭愧的国王会想什么呢?以此空白点,让学生"写"。我以为,写作的奥秘不在这里,写作的奥秘恰恰在于,作者为什么要留下这个空白,为什么不写这些"惭愧的心里想法"。很多教师抓的"空白点"写话,无意中,将课文在写作上的奥秘处糟蹋了。第二,很多教师选择的"写"点,往往跟"课文理解"相挂钩,这样一来,学生写得好不好,往往跟他理解得对不对、深不深,有着密切的关系。而真正的写作,不是这样的。真正的写作就是写自己心里有感而发的话,写自己的笑、自己的哭、自己的闹、自己的叫。课堂上,学生经常接受这样的"写"的练习,对学生的写作方式,会产生严重的负面影响。第三,也有的"写",是迁移课文中的写作手法。这是可以的。不过,也不用多,不用每次都要"迁移性练习"。不是每篇课文都让学生写一下,就体现了"读写结合"。机械的"读写结合"对阅读、作文所造成的伤害都很大。很多作文上的技巧、意识,要在今后的作文中"不期然"地"化用",而不是"即时"的"使用"。我们的教学太功利了,课上教的,恨不得一下课,都能化到学生的血液里、骨髓里。愿望很好,却不现实。

"怀孕"这个词,很有意思。"怀"上,可以很短促;"孕",非得有那段时间,谁都逃不了。阅读课里的"写作",主要是"怀上";至于"孕",得允许学生有一段"孕"的时间,"孕"后,才能生产。写作意识、写作技能,种到脑子里,某天写东西,不期然地从脑子里蹦出来,那就是"活用",那就是水到渠成的"生产"。刚怀上，就巴望着生产，搞到最后，只能是危险的"剖腹产"。

记者："指向写作"的阅读教学，很容易让人以为你的教学忽视了内容的理解，而没有内容的理解，你又怎能"指向写作"呢？

管建刚：我的阿弟，初中没毕业，补考后拿到了毕业证。他看报纸，少有看两遍的，我问他看得懂吗？他很不屑地说："这有什么难的。"除了专业性很强的杂志、专著是写给有一定专业水准的读者看，绝大多数的人写的作品，对读者的要求都不高。对读者的要求越高，作者的作品越卖不出去，越没人读。教授的专业性论著，往往只能自费出版。琼瑶的爱情小说，金庸的武侠小说，余秋雨的文化散文，郭敬明、韩寒的作品，普通读者都能读懂。杨红樱的小说，三年级学生都看得咯咯笑，杨红樱不成为"富婆作家"那才怪呢。学古文，要一句一句串讲；不串讲，不知道它讲什么。白话文，用不着。

报纸的选文，不一定考虑像我阿弟"初中没毕业"的。教材的选文，一定会考虑到"各年级"的读者水平。小学高年级的课文，学生自读三遍，90%以上都能懂。至于那不懂的10%，教师反复讲、引导，学生也不一定懂，很多"深意"，要搭桥引路，要背景知识，还要人生阅历、情感经历。有的地方，你一层层地讲了，学生点头了，却很快成为他们的"冷知识"，考试了，才拿出来对付一下；有的，考试了也拿不出来，教师只好整理出知识点，让学生背。无数的"深度解读""深度理解"，不是"解"给听课老师看的，就是为无聊的考试题备的。对学生来讲，这些东西要不是无用功，就可能是精神上的"揠苗助长"。人没到这份上，讲得再有理也没用，负面作用倒出来了：对课文越来越不感兴趣。

很多教师在阅读理解上花了太多的时间，抓的是枝枝叶叶，不是真正的阅读理解能力的训练，只是一些为考而教的东西。考试为什么会考那么多的东西？很多出题者没有弄清楚：阅读理解的核心能力究竟有哪些。当前流行的PISA阅读测试，只给了个提取信息、鉴别信息、运用信息的粗坯启示，到实际操作者的手里，很多阅读理解的考查会走样，考查的根本不是阅读力，诸如看拼音写词语、填写关联词、写出AABB之类的词语、读短文后写一条公益广告、填写标点符号、写读书名言之类，搞得"阅读理解是个筐，什么题目都往里面装"。

阅读的核心能力是什么？找到了核心，做起来就简单、快捷、有效。你在核心之外的外围，做了很多的事，很忙、很累，效果却不明显。就内容的理解来讲，核心能力我找到五个：①概括的能力。②联系上下文理解词语、句子的能力。③抓重点句、关键词的能力。④读懂言外之意的能力。⑤联系生活来理解的能力。一个小学生，以上五个能力扎实了，阅读能力一定"优秀"。五个能力，一个学期主攻一个能力，也只要五个学期。小学中年段，以"阅读方法""阅读能力训练"为主，到了高年级，完全可以"指向写作"。

"指向内容"的阅读教学，就是花90%的教学时间去纠缠那可能不懂的"10%"。其实，教学应该是，用90%的时间去教学生90%的"不懂"。一篇课文，学生90%不懂的在哪里？——课文是"怎么写出来"的。课文写什么，白话文，一个字一个句的，写着呢。无数的学生对"怎么写"处于"文盲"状态。为什么？我们的阅读教学的重难点，老在"理解"上；偶尔的"指向表达"，只是点缀，只是"理解"的"锦"上，添了朵体现理念的"花"。常有教师说，这么简单的课文有什么好教的。要让说课文"简单"的老师，写出一篇课文般"简单"的文章来，全中国大概没几个语文老师敢站出来。指向了"写作"，再简单的课文，也有了不简单的一面。

记者：读了你的课例《理想的风筝》，我发现，里面有概括能力的训练，还有理解"中心"，却又感觉你的课，的确是"指向写作"的，这里，究竟有什么奥秘呢？

管建刚："指向写作"的阅读教学，不是不需要"内容理解"。"指向写作"的阅读教学，不排斥"内容的理解"。"内容的理解"是"写法的理解"的基础，没有对内容的基本把握，"写法的理解"定会似是而非，一知半解。然而"内容的理解"要简化，"要和课文内容分析说再见"（崔峦语），"内容的理解"不用花那么多的力气去抠。"指向写作"的阅读教学，有内容上的理解，但要求所作的训练直指阅读理解的核心能力，而不是拿着课文中的一个反问句，要求改成陈述句，或是找到了文章的中心词"机智"，反反复复地让学生去找"哪些地方可以看出主人公的机智"。

"指向写作"的阅读课，也要"理解内容"。"指向内容"的阅读教学，

"内容的理解"本身就是它的重要教学目标；而"指向写作"的阅读教学，"内容的理解"本身不是目的，"内容的理解"背后，站着"为什么要写这个内容""为什么这么写这个内容"。

以《理想的风筝》为例，我让学生概括文中四个故事的主要内容，这是一项阅读能力的训练，却不是教学的目的所在。概括的背后还站着：①为了让学生领悟"用故事来写人"的道理；②故事有了"小标题"，便于下面的"四条构思线"的教学的展开。教学《理想的风筝》，我也让学生揪出文中的刘老师"乐观、顽强"的品质特点，然而并没有让学生去"细抠"：哪些字词能看出刘老师的"乐观、顽强"。而是转向了它背后的"写"：前两个故事和后两个故事，表面看没什么关联，内部却有着关联；几个故事能否放一起写，要看它们有无"内在的关联"。

"课文无非是个例子。"例子不重要，重要的是例子背后的东西。例子背后的东西是什么，用专家的话来讲，那就是"本体性课程内容"。语文的"本体性课程内容"，低年段应以"指向朗读、写字"为重点；中年段应以"指向阅读策略"为重点；高年段应以"指向写作"为重点。当然，任何"本体性课程内容"的教授，都离不开"例子本身的内容"。两者的关系怎么处理？"指向写作"的阅读教学这么处理："内容的理解"要指向阅读理解的"核心能力"，也是"本体性课程内容"，然而又不能到此为止，还要往前走一步，走到"为什么这么写"那里去。

记者：歌德说，内容人人看得见，含义只给有心人得知，形式对于大多数人而言是一个秘密。我从你的教学实践中，看到了破解形式奥秘的美好未来。祝愿你的"指向写作"的阅读课，能够走得更深、更远、更好！

管建刚：谢谢！一篇课文摆在那儿，"内容"是"现存"着的。一篇课文摆在那儿，内容怎么"写"出来的，为什么"这么写"而不"那么写"，没有"现存"，一切都"隐匿"起来。这种困苦，对于有志者来说，不是不幸，恰是荣光：开辟者的荣光。再次真诚地感谢小学语文教师的《小学语文教师》！

本文刊载于《小学语文教师》2013年第3期
人大复印报刊资料《小学语文教与学》2013年第9期全文转载

No. 11：

或有不同，热爱相同

　　有老师告知我，关于"指向写作"的阅读课，辩得如火如荼。感谢朋友，你们明知道，我的实践和研究，刚刚起步，存在这样、那样的问题和不足，依然支持我，人生暖意，只在此中。王尚文教授、人教社张立霞编辑，百忙中撰文，他们对一线语文、一线语文教师的关心与忧切，沉入一线的学术精神，叫人感佩。诸向阳老师的"过犹不及"、李俊老师的"另一种繁琐分析"，给我以警醒，他们的批评里，流淌着对语文的热爱，我们或有不同，对语文的热爱却完全一致。

　　关于"指向内容"和"指向写作"，我完全赞同王尚文教授的意见，两者并不矛盾，并不是要有"非此即彼的选择"。我从不认为，"阅读教学指向只有两种，要么是'指向内容'，要么是'指向写作'，并且二者是根本对立而无法兼顾的"。"工具性"与"人文性"要统一。当然，"统一"不等于"每人一半"，工具性50%，人文性50%。不同的人，对"统一"有不同的理解。有的侧重"人文性"，有的侧重"工具性"。有的"人文性""工具性"二八开，有的"人文性""工具性"四六开，有的"人文性""工具性"六四开、七三开。也有的，此篇"人文性"强一点，彼篇"工具性"强一点。"统一"的比例，没有死规定。教学由此五彩缤纷。我的基本看法，"人文性"具有原生性，"工具性"具有阶段性、创生性。优秀文学作品对人的感染，主要应来自作品本身，而非煽情渲染。工具性则不然。

低段侧重于朗读、写字，中段侧重于阅读方法、策略，高段侧重于写作素养。这个观点现在看来，还比较粗糙：中学语文该指向什么，大学语文又该指向什么？"指向写作"的阅读课，绝不是消灭"内容理解"，正如"指向内容"的阅读课，也不是扔掉"写作表达"。两者的分歧，只在"融合"的比例。不同的班级，"比例"也不同。自己班，教《理想的风筝》，我就按《小学语文教师》第三期上的课例，学生不枯燥，时有心领神会处。借班上课，我删了不少内容，删了不少，也不一定有自己班顺手。作文教学时常稀里糊涂。若学生作文，一篇一得，教师教学，一课一得，"指向写作"的《理想的风筝》，遭遇的责难，或会少很多。这一点，感谢子阳兄的"这是多年真做写作教学才会有的声音"的判断。

"读书不是为了写书，品诗不是为了作诗，如此而已""书读多了，自然会作文"的论调，实在太多，多得谁一重视作文教学，就有反语文、功利语文的大嫌疑，似乎只有不问收获、稀里糊涂，才是"美的语文""真的语文"。作文教学越来越弱，弱到了社会的作文培训班，一个接一个冒出来。作文培训班生意越好，学校作文教学越可悲。很多大学生、研究生文笔不通，文字不堪入目，依然有人高声"呐喊"：语文教学不是培养作家的。若作家都说，"我的写作成长跟语文教学没什么关联的"，身为语文教师，我们又有什么脸面去呐喊？我不认为"阅读写作就如同结婚生子，一切顺其自然"。结婚了生子，人的动物属性使然。阅读、写作，没有考证表明，两者有"动物属性"。没有"动物属性"，要"生子"，还真得做点"急于求成"的事，不然，胡子白了，"孩子"没了。读书，的确不只为了写书，然若能渐渐做到读书而又能写书、品诗而又能作诗，如德国人说的一生要做三件事，其中一件是写一本书，那将何等美妙。

有人担心，"指向写作"的课会很枯燥，学生不喜欢。我不敢说，学生喜欢我的每一节课。我敢说的是，学生喜不喜欢你的课，不在于你教什么。一篇感人肺腑的课文，甲老师上得学生泪眼蒙眬，乙老师上得学生眼巴巴地看着墙上的钟，恨那钟怎么还不到下课的点。反过来，一些课文，有老师说，这个太没味道了，怎么教啊。如此没有味道的课文，到了高手那里，小手林立，小眼发光，小脸通红。读师范，很多人讨厌"教材教法"课。教材教法，光听名字，就知道有多枯燥。我们很巴望陈正南老师的"教材教法"课。陈老师上课，两班学生聚大教室里，一个半小时，转眼过去了。课，好玩不好玩，学生喜欢不喜欢，根本的，不在于你指向了"写作"还是"内容"，而在于上课的那个人。

我的语文教学实践和研究，至今大致走了三步。第一步，让学生有作文兴趣、作文意志，这在《我的作文教学革命》《我的作文教学故事》里有详细阐述。第二步，进入作文技巧的训练，构建作文训练的系统，《我的作文训练系统》《我的作文教学课例》即是。这两年，涉足"指向写作"的阅读课，不是心血来潮，也非标新立异。有人指出，在"学生没有生活体验，缺乏写作兴趣，没有内容可写的时候逼他们借鉴课文的构思奥妙是写不出好文章来的"，"学习写作技能的前提是什么，是不是拥有了写作技能，就可以自如写作"？这些提法和担心很有道理。于我，兴趣、内容已得到较好解决，这时候，还不迈出第三步，"还是由学生自己细细体会"，那不是不负责任，便是无能。我的电脑里，躺着近千万字的学生作文，研读它们，你会发现，"段感""篇感"是学生作文最成问题的。这个时候，对学生说"这跟学开车一样，形成'驾驶感''路感''方向感'要靠学车者自己在操作中感悟"。学生嘴上不说，心里嘀咕：要你老师来干嘛？写作若只能让学生在实践中感悟，阅读、写字怕也差不了多少，教师只有下岗。

儿时读《盲人摸象》，死也不信。长大了才知"盲人摸象"的现实意义。"指向写作"的阅读课，只是我对阅读教学的一个局部理解，还有低年段的"指向朗读、写字"，中年段的"指向阅读策略、方法"。"指向写作"的阅读课，只是我对语文教学的一个局部理解，还有我的作文教学，我的课外阅读。"指向写作"的阅读课，只是我对小学教育的一个局部理解，还有我的表扬课，我的激励学，我的挫折学……看某个局部而匆忙下结论，大都危险。我却悲哀地发现，茫茫人海，万千世界，再怎么挣扎，也只能是摸象的盲人。生活也罢，研究也好，努力多接触些、拓展些，也依然只能是个"局部"。"××语文""××阅读""××作文"，也只是个"局部"。任何"局部"都有空隙，都能随手找个空当，一砖砸过去。我们却不能就此丢失"局部的力量"。研究"局部"的人多了，便于我们接近"整体"。A盲人说，大象是一根"大柱子";B盲人说,大象是一个"大萝卜";C盲人说,大象是一把"大蒲扇"……不同的盲人,从不同的站位去摸"象",或许某天,某个智慧的盲人,由此揭开了"象"的全貌。

小学语文教材里的课文,大都改编过。教材的编写者,不直接用原文,原因也简单,原文指向的读者群不是小学生。改编过的课文,更适合小学生。语文教师到底是教改编后的课文,还是找原文来教?从编者的角度,不难回答。当然,到了个体,有了"个性化解读",你能找到你这么做的理由,我能找到我那么做的依据,那就没有固定的答案,也就谈不上你对我错。

有人说我教的是"低水准"的"文章之法","不如拿小学生优秀作文或老师的下水文来教学……如此教学培养出的学生也许能写出报刊上发表的'优秀作文'";又有人说我"不像是给小学生上语文课,倒像是大学的作品分析课甚至是作家班的培训课了"。如此大相径庭的评说,于我,倒没添多少糊涂。因我素不认为"文章之法"有"低水准""高水准"之分。一如"拳法",没什么"高水准""低水准"之分,打倒对手,就叫好拳,管它"黑虎掏心""白虎掏心"。学生迫切需要的,就是好的;学生不需要的,无法领会的,就是不好的。十多年的作文教学实践与研究,我发现,不懂得故事的分配,不懂得故事的长短,不懂得故事的内在关联,是小学生写作的通病。从学生作文的实际出发,是我解读课文里的写作奥秘的一大路径。有教师说,"不能让老师换个角度花大气力去死'抠'课文'架构上的奥妙'",完全正确。我不"死抠",我是从学生的实际需要出发。任何一篇课文的"指向写作",都只是"象"的局部。这篇,适合教几个故事教一个特点;那篇,适合教几个故事教几个特点。这篇,适合教故事的长短,要刻意追求;那篇,适合教故事的长短,可随性而发。这篇摸到了"大柱子",那篇摸到了"大萝卜",摸的篇数多了,作文的门道渐而能相对完整地打开了。然而,我又无法保证,所有的学生,都能将一次次摸到的"象"的局部,拼出一头完整的"象"来。这不只是教学的悲哀,也是人生的无奈。教育不是万能的,教学也是。

我同意李俊老师说的,"文本是作者主观创造的结果,所以读者不可能完全了解作者的写作理由",此话具有广义性。"指向写作"的阅读教学,有此问题;"指向内容"的阅读教学,也有此问题。我们却不能就此停止猜度。教学本身并不是"还原";若是"还原",那就只有课文作者来教了。教学是对文本的再创造。所有的"再创造",都融入了主观的猜度。将一个人脑袋里的观点,注入到另一个人脑袋里,太难。那就让实践来检验。"实践是检验真理的唯一标准",要看你怎么去实践,用怎样的心去实践。胡乱应付的实践,得出的结论,跟用心实践得出的,区别之大,不难想象。碰到问题,就埋怨、抱怨的,跟坚信办法总比困难多的,两者的检验结果,大不一样。从这个意义上讲,"实践未必是检验真理的标准"。"指向写作"的阅读课,A老师尝试着上了,效果很不好,抱怨:这个管建刚,胡说八道什么呀。这样也好,江湖的声音多了,江湖才好玩。

"指向写作"的阅读课,从我目前的课例开发来看,有写人、有记事、有说明文、议论文和写景文,确实没有涉及文言诗文。"文言诗文"大概不适合"指向写作",我也曾如此想。后见有教师教学生创作的浅易文言文,很好玩、很有趣、很具创意;有教师教学生写的"古诗词",很好玩、很有趣、很创意,我才恍然明白,不是"文言诗文"不能"指向写作",而是我不会写"文言诗文"。一个有着很好的诗歌创作经验的教师,他教诗歌,不会仅限于诵读理解,他一定会带领学生去解开诗歌写作的奥秘。一个对古诗文有创作经验的教师,他教古诗文,情形类似。从这个现象作一点小小的推断,"指向写作"的阅读课,其艰难正在于,语文教师的写作状况、写作的切身体验和经验,跟若干年前没什么区别。世界发展如此之快,语文教师的写作素养进展如此之慢。呜呼,一个教师教了30年的语文,却摸不到作文的边,除了懒于动笔,就是他从不去猜度"作者的写作理由"。

王小波说,影响他写作的有杜拉斯的《情人》、图尼埃尔的《少女与死》。陈忠实在其《〈白鹿原〉创作手记》里说,王蒙的《活动变人形》、张炜的《古船》对他影响很大。想起韩寒的"你的经典未必是我的经典"。"指向写作"的阅读课,我看成一个"宝",又必须承认,我眼里的好东西未必是你眼里的好东西,我喜欢的未必是你喜欢的。东西好不好,因人而异。有人喜欢柳公权,有人喜欢颜真卿,有人喜欢欧阳询,有人喜欢褚遂良,有人喜欢赵孟頫,每个人都有自己的最爱。我的最爱,没有西施的沉鱼落雁,也没有貂蝉的闭月羞花,然而,她在我心中是西施、是貂蝉,那就够了(这话,最好老婆能看到）。人生没有完美，不完美本身就是人生的完美。我们最后所能达到的高度，不是别人指定的那个，而是适合自己的那个。语文承载的功能太多、太全。每个人都想解读它的核心要义。通往罗马的路不止一条，我们要迈开脚步行走。王尚文教授说"此为'之一'，并非'唯一'"。世上不存在"唯一"。"死"，佛说那即"生"。每个人都需要接纳"'我'非'唯一'"，每个人又都要迈出自己的脚步，成就"'我'即'唯一'"。

　　一次大型活动，一位前辈特意来听我的《理想的风筝》。课后，前辈找我，提了中肯的意见后，慈缓而有力地说："我至少可以肯定地讲，你的课不是误导，不是歪路。"那么多人关注"指向写作"的阅读课，即便是 H7N9，我也无需畏惧。人教版教材有篇课文《"精彩极了"和"糟糕透了"》，结尾如下：

　　这些年来，我少年时代听到的这两种声音一直交织在我的耳际："精彩极了"，"糟糕透了"；"精彩极了"，"糟糕透了"……它们像两股风不断地向我吹来。我谨慎地把握住生活的小船，使它不被哪一股风刮倒。我从心底里知道，"精彩极了"也好，"糟糕透了"也好，这两个极端的断言有一个共同的出发点——那就是爱。在爱的鼓舞下，我努力地向前驶去。

　　没有比这段话，更适合此刻的我。

本文刊载于《小学语文教师》2013 年第 6 期
人大复印报刊资料《小学语文教与学》2013 年第 9 期全文转载

No. 12：

精彩对话是这样"炼"成的
——"记一次争吵、争论、辩论、对话"作文讲述实录及反思

一、字数不愁的秘密

师：这次作文，写一次争吵、争论、辩论或讨论。它们都要用五官中的——

生：嘴巴。

师：要用嘴巴说话。作文里，也要让"人"开口说话。（板书：让作文里的"人"开口说话）你作文里的"人"开口说话了吗？

生：说话了。

师：这次作文的说话，不是一般的开口说话，要像杨栋文那样才算。（多媒体出示）

只见一辆宝马车停在小区门口，一个中年男人探出头和保安大声说着话。保安说："外来车辆是不能随便进小区的，这里的车辆都有固定车位，你开进去没地方停。""我送孩子来上课，停一会儿就走！"中年男人赔着笑脸说。"'外来车辆不得入内'，你看，公告栏上不是写得很清楚吗？"保安说着，指了指墙上的公告。"保安大哥，行个方便吧！权当没看见我，让我把车开进去吧！"中年男人下了车，走近保安。"不行！有规定就要照着做，哪能装没看见！"——杨栋文

（请小作者到屏幕前朗读）

师：你们作文里的人，开口有这么勤吗？

生：没有。

师：杨栋文的作文，写了1162个字，五年级的学生写这么多，了不起啊！他的作文秘诀，你发现了吗？

生：让作文里的人经常开口说话。

师：（板书：人物勤开口，字数咱不愁。生读）这是杨栋文带给我们的一大写作秘诀。

二、不只一个"说"字

1. 欣赏

师：说话句由两部分组成，谁有这个知识？

生：提示语和说的话。

★有一次我和弟弟玩牙签，弟弟问我："哥，你有没有办法让牙签在水中自己向前跑？"——王照杰

★"嗯……"我不知如何回答。——徐银笙

师：我喜欢这两句，第一句的提示语没有"说"字，却有一个跟"说"的意思差不多的字，哪个？

生：问。

师：第二句呢？

生：回答。

★我先嚷着："这是我的，这是我的！"——何晨

★我走到中间正式宣布："辩论会现在开始！"——管若彤

生：嚷、宣布。

★果然，妈妈生气了，径直走到爸爸跟前质问："你怎么买的全是米饭？不是让你多买些零食吗？"——谈洪勋

★旁边的舒鑫一看情况不妙，也赶紧过来打圆场："不就一场球嘛，没什么大不了的。"——陈昕熠

生：质问、打圆场。

师：原来，表示"说"的词语这么丰富。

2. 病例

师：然而，我们的作文中，更多的同学这么写提示语——

- 妈妈说："如果孩子没有达到怎么办？"
- 爸爸说："我们要给孩子体验的机会……"
- 我说："原来学习也有苦呀！"

师：你说、我说、爸爸说、妈妈说……枯燥，就是这么来的。

- 陈昕熠接着说："民以食为天，食以安为先，劝大家不要吃'三无'食品。"

师：稍微好一点的，加上"激动地说""严肃地说""坚定地说"。

3. 积累

师：其实，表示"说"的意思的字词、成语有很多。

（多媒体出示）

高叫　插话　劝慰　惊呼　称赞　发话　辩论　打开了话匣子

师：你脑海里还有没有其他表示"说"的字、词、成语？

（生说，师写黑板上，大家齐读）

（多媒体出示）

能言善辩　吹牛　复述　声明　谈论　强词夺理　批评　说谎　直言　说服　花言巧语　威胁　怒斥　畅谈　商讨　口出狂言　劝说　改口……

师："管老师年轻的时候，跑步的速度比刘翔还快。"该用哪个表示"说"的词？

生：吹牛。

生：口出狂言。

师："好消息好消息，我们班获得了第一名。"该用哪个词？

生：报喜。

师：你看，说不同的话，用不同的表示"说"的字词。给大家一分钟，看谁记得多。记得"多"，才能用得"活"。

- 我还没反应过来，反二号就振振有词地说："就算是听父母的话，也不

83

能一辈子生活在父母的庇护下，我们迟早是要长大的！"

师：这里有两个地方表示"说"。

生：振振有词、说。

师：振振有词已经含有"说"的意思，因此，要删一个——

生：删"地说"。

• 表哥有点不大高兴，回敬我说："说得倒轻巧！站着说话不嫌腰疼！难道你不觉得学习很枯燥吗？等你将来上了中学，看你还有什么话说！"

师：也有两个表示"说"的字词，删哪个？

生：删"说"。

三、多余的"说"字

★"我是妹妹，姐姐应该让着妹妹！"我不甘示弱。

师：这话谁说的？

生：文中的"我"说的。

师：这句话中的提示语里，没有一个"说"字，你怎么知道是"我"说的？

生：从"我不甘示弱"看出来的。

师：（在不甘示弱后加"地说"）不会写的人，会加这两个多余的字。

★我赶紧赔笑脸："赢得起，也要输得起，有点大将风度嘛。"

生：是"我"说的。

师：（在"赔笑脸"后加"说"）不会写的，会添上这个多余的字。——很多时候，提示语可以不用"说"字，用说的人的动作、表情、眼神、心情来表示。我们班，已经有同学掌握了这种精妙的写法——

★我绞尽脑汁又想出一个理由来："妈妈，这支笔很环保……"

★老爸深深地叹了口气："江南的景色虽好，可还是比不上我们青岛……"

师：这是会写的。不会写的人，这样写——

• 妈妈一看价钱——28元，脸色大变，说："太贵了。"

生：多了一个"说"字。

（删去"说"字，生齐读）

• 我不服气地说："姥姥不也经常看吗？"

生：多了"地说"。

• 听了老爸的话，我火冒三丈，对着老爸喊道："大海你不让去，爬山你又嫌累，你说我们能去哪儿？"

生：删去"对着老爸喊道"。

师："火冒三丈"就够了，"喊"抵不过"火冒三丈"。

• 妈妈一下子就来气了，丢下锅铲大声说："你炒得好吃你来炒！"

生：多了"大声说"。

师：妈妈连锅铲都丢了，肯定"大声说"的。

四、说话句的混合使用

1. 欣赏

师：说话句，由"提示语"和"说的话"组成。"提示语"和"说的话"有几种组成形式？谁有这方面的知识？

生：有三种，提示语在前，提示语在后，提示语在中间。

生：还有一种省略提示语的。

师：对。提示语在前，你们用得多，在后、在中间、省略的，比较少。

★ "我说看电视就得看电视！"我生气了。

★ "后面的太难了，我不会！速度要求太快，我进不上去！有许多跨八度，我手太小跨不过来！"我一口气说了三个理由。

生：这是提示语在后面。

★ "是呀！是呀！"段欣也发话了，"读书不仅可以丰富知识，还可以打发无聊的时间呢！"

★ "那又怎么样？我们就不让你们进去检查卫生！"她边说边两手一伸，挡住了去路，"话说回来，你们独自检查班级是要干什么呀？"

生：这是提示语在中间。

师：提示语在前，提示语在后，提示语在中间，提示语省略，一共四种，作文的时候怎么用呢？都在前，好吗？

生：不好。

师：都在后，好吗？

生：不好。

师：都在中间？不可能，有的地方还不能放中间。都省略？

生：看不懂的。

师：这四种说话句，应该像茅馨癑那样用。

（多媒体出示）

"哦！你们能下来得晚，我就不行啦！"玉玉也不甘示弱。

"可是，"我反驳道，"今天是星期一，有升旗仪式，你不知道吗？"

"我作业没写完，补一下怎么了？"

"写作业是周末的事儿，为什么要拖到星期一？"我急得都快哭了。

"我爸爸已经发短信给你们的家长了，说今天我就不和你们拼车去学校了，还有我的错吗？"

"既然发了短信，那为什么爸爸妈妈没有告诉我呢？"

玉玉的爸爸发现我们吵得不可开交，赶紧走过来说："别吵了！今天的迟到与你们无关，是家长没联系好，是家长的错。"

（师请茅馨癑朗读，其他同学说提示语的位置）

师：提示语的位置就该这么变化的。这可不是我的说法，课文就是这么写的。

（出示《变色龙》片段）

一天清早，大雾弥漫，我们正和几个中非工人在紧张地采摘四季豆。

"啊呀！"小李的叫声震惊了寂静的田野。大家以为他碰上了毒蛇，急忙赶了过去。

"什么事？"

"刚才我采豆荚时，手碰到冷冰冰的东西，一看是条'怪蛇'，吓了一跳。"

"在哪里？"大家在绿叶丛中找了一阵，没见到"怪蛇"，以为是小李在开玩笑。

"在这里！"小李用手一指，豆藤上真的挂着一条绿莹莹的四脚小蛇，皮肤和豆叶一模一样，很难发现。

（生读，师说提示语的位置）

2. 病例

师：我们很多同学写对话，不考虑提示语的位置。你考虑了吗？

• 妈妈温和地说："小学生不应该多看电视……"我急忙说："小学生应该多看电视……"妈妈皱了皱眉头说："小学生电视看多了就会迷上电视……"我大声说："只要把功课做完就可以看……"妈妈温和地说："有些孩子看了不健康的电视后……"我又说："小学生别看不健康的电视……"

• 妈妈又说："你要是先写完作业……"我又说："晚上可以写作业……"爸爸说："我们要给孩子体验的机会……"

（众笑）

3. 练习

（出示）

于是我便大吼："休想！"

弟弟也不罢休："我非要看！"

"看《读心专家》！"我说。

"看《喜羊羊》！"弟弟大叫道。

"《喜羊羊》都看了上千遍了！"我大叫。

"我就要看《喜羊羊》！"弟弟大吼一声。

"闭嘴！"我十万分贝地大叫了一声。

师：有没有提示语可以省略？

生：第三句"我说"、第四句"弟弟大叫道"，可以省略。

生：第五句"我大叫"、第六句"弟弟大吼一声"，也可以省略。

生：最后一句也可以省略。

师：的确，这五个提示语全可以删去。不过，最后一句的提示语留着，这句写得不错。再看，一、二句的提示语位置能不能变化一下？

生："弟弟也不罢休"，可以放后面。

87

师：这样，对话就显得紧凑了。

（出示修改版，生读）

于是我便大吼："休想！"

"我非要看！"弟弟也不罢休。

"看《读心专家》！"

"看《喜羊羊》！"

"《喜羊羊》都看了上千遍了！"

"我就要看《喜羊羊》！"

"闭嘴！"我十万分贝地大叫了一声。

师：现在知道该怎样修改自己的作文了吧？

生：要让作文里的人"勤开口"。

生：提示语不只是一个"说"，我要改掉一些"说"字。

生：四种说话句的形式要混合使用。

师：记住，作文能力是改出来的。

【课后反思】

一、讲评，可以有预设

讲评课要"先写后教""以写定教"。教什么，由学生的作文说了算。很多时候，学生作文中出现的问题，跟教师预想的出入很大。这个时候，要从学生作文的实际情况出发，以生为本，以写定教。

然而，这并不是说教师完全处于被动的位置。《记一次争吵、争论、辩论、讨论》就是一次有益的尝试。我在几个班级上了这一内容，几乎每个班级在"对话"上的问题都差不多。这说明，只要我们出的作文题符合学生的生活状况，又有表达上的特定性，学生作文出现的问题，教师就可以预见。如，学生写家务劳动，作文的问题几乎都是动作描写粗糙、不细致。再如，学生"做"盲人，体验盲人生活后写一篇作文，问题几乎都是心理描写粗糙、不细致。这给教师的讲评提供了较大的主动权。

作后的讲评，也可以做一些预设。学生作文写出来后，教师从学生写的句子、段落出发的讲评，永远那么鲜活、有朝气。这是以"作前指导"为核心的作文教学无法拥有的优势。

二、欣赏，要贯穿始终

在我以往的讲评课例中，第一个环节总是"欣赏"，以至给老师们一个错觉，好像只有在"欣赏"环节里，才能"欣赏"学生的作文。借这个课例，我要申明：欣赏，要贯穿于讲评课的每个环节。

本节课有四个环节，每一个环节都有"欣赏"。第一环节，欣赏了杨栋文的两个大段。第二环节，欣赏了"不只一个'说'字"的提示语。第三环节"多余的'说'字"，教学要点是纠错。纠错前，欣赏了"不带'说'字"的说话句。第四环节的训练，欣赏了"提示语在后""提示语在中间"的说话句，重点欣赏了"混合使用"的对话。欣赏的语言是伙伴的，伙伴能做到，"我"努力一下也能做到。伙伴的说话句没有"说"字，"我"也可以。伙伴能四种说话句混合使用，"我"努力一下，当然也可以。

欣赏贯穿始终的课堂，学生的学习兴趣明显浓厚。你表扬的是A同学，B同学、C同学也会认真地倾听，因为作者是他们熟悉的人。"欣赏"中的课堂，教师格外亲切，学生的心理安全感明显增强。人，只有在心理安全的情况下，才会呈现主动、愉悦、创造的学习状态。

三、指导，要与课文打通

课文，是最权威、最有影响力的范文。用学过的课文佐证讲评中的知识点、训练点，或用学过的课文巩固讲评中的知识点、训练点，是我常用的教学手段。

这一课例中，"提示语的混合使用"环节，我用了课文《变色龙》里的对话。学生一下子发现，"提示语的混合使用"可以说比比皆是。

入选教材的课文，写法上总有可取的地方。训练环境描写、外貌描写，课文里有啊；训练选材、构思，课文里有啊。很多学生的开头"套话""空话""大话"满天飞。我出示了《师恩难忘》《水》等课文的开头，学生一下子明白了：原来，课文的开头就这么干净、简单。

课文与作文打通，学生能渐渐学会从"写"的角度去读课文、欣赏课文，这对于提升学生的阅读品质也大有好处。

四、训练，要"小而透"

一堂课，训练的"点"不要大，大了容易"空"，容易"泛"。要小，小了，才可能"透"，才能落到实处。

作后讲评的"练"，要小步走、不停步。每节课都往前走一小步，一学期下来，就是不得了的进步。很多教师批学生作文，这也是问题，那也是问题，急得不得了，恨不得一口吃成胖子。结果，胖子没吃出来，倒噎着了。一学期下来，几乎还停留在原地。训练点要"小"，教师要戴"放大镜"看学生作文。不戴"放大镜"，你只能看到一些粗略的、大概的问题，找不到"小"的"点"。以"心理描写"为例，教师只知道要让学生把心里的想法写出来，却不能一步步、从小到大地让学生渐渐进入。讲评训练点的"找寻"，好比电脑的存储盘，从总目录—根目录—子目录—孙子目录，究竟"小"到哪一级，要根据学生的作文和接受情况来定。

训练点"小"了，容易"透"。这"容易"，当然不是"不请自来"，也要设计。我一般有这么几个环节：欣赏—病例—示范—练习。"宁掘一口井，不挖万条沟"。

本文刊载于《小学教学》2013年第2期
人大复印报刊资料《小学语文教与学》2013年第9期全文转载

No. 13：

我的写读史

一

我是个半路出家的读书人。

我的父亲母亲是农民，爷爷奶奶、外公外婆都是农民，往上追溯，大概祖宗十三代都是农民。农民的活计是种田，填饱肚子扯大娃，从来没想家里要出个读书人。

小学，家里只有几本破烂的连环画。初三，上乡中，有了长进，知道《每周广播电视报》。师范里，教"文选与写作"的张老师，大学刚毕业，晚自习找我们去聊天。轮到我，张老师问我看什么课外书。我说，我不看课外书。张老师不信：不看课外书，哪能考上师范。我不好跟老师讲，我不是凭语文考上的，是凭数理化考上的。

二

毕业那年，大病。一年后，病蔫蔫上班。校长说："小管，你教二年级数学和四年级数学。"我没教过书，一下压两个年级，头皮发麻，心头发怵，只怕吃不消，厚着脸皮和校长还价："您看我的身体，能不能教一个年级？"

校长挺为难："村小一个萝卜一个坑，教数学都得两个年级，你教一个年级，谁教三个年级?"我真急了："你真要我教两个年级，我只能上一个星期，再请假一个星期……"

校长和我一个村，我的身体他多少有数。他最后答应了："行，教一个年级，不过，改教语文，五年级语文兼班主任。"教一个年级总比两个年级轻松，这么着，我便成了语文老师。上班，我的心思不在教书，在养病。身体养得差不多了，父亲跟人合伙做生意，亏了，一身债务的父亲，整天愁眉苦脸。我对父亲说，我帮你干。干了三年，债务基本还清了。

那已是 1998 年。1998 年的春天，我写了篇 300 多字的乡村散文，寄给了《吴江日报》。三月的某一天，王老师拿了张报纸给我看："小管，有一件怪事，《吴江日报》上有个人跟你同名同姓。"我一看，《三月》，管建刚，我呀！王老师满脸狐疑地看了看我，又看了看报纸。回家路上，我发誓再发一篇给王老师看。题目都想好了，就叫《四月》。四月五日，没戏。四月十日，没戏。四月二十了，还没戏。死的心都有了。四月二十六日，终于，王老师拿着《吴江日报》过来了："小管，上面的《四月》，作者管建刚，还是你吧?"

村小，都是民办老师。民办老师跟公办老师的收入、福利、劳保，差距很大。我有什么能耐呢？没有。民办老师怎么教，我也怎么教；民办老师怎么布置作业，我也怎么布置；民办老师怎么应对考试，我也怎么应对。他们对我这个师范生，心里多少有过问号。

《三月》《四月》《五月》《六月》发表后，民办老师们看我的眼神变了，嘿，这小子，有两下子。《七月》《八月》发表了，1998 年的 8 月 30 日，我照例去中心校开全体教师会。走廊里遇到了校长。一向对我不苟言笑的校长，朝我微微一笑，我心惊肉跳地叫了声"校长"。回味起来，那滋味就是传说中的"受宠若惊"吧。

小学里，男老师少。我这个小学语文男老师，村小里混了一年又一年。我的同学到中心校了，我的老婆也到中心校了，我还在村小。《九月》《十月》发表了，《冬之歌》《冬之约》《冬之舞》也发表了。某天，老婆看我的眼神也变了，比以往多了许多柔情蜜意。第二天，早上洗漱，看镜子里的我，发现自己的眼神亮多了。

一年十二个月，写着写着，肚里的货不够用了，我便找书、找杂志，读散文、读小说，读得昏天黑地。读老舍，先生居然能将文字拿捏得随心所欲，捏出自己想要的东西。读柏杨，他让我明白，写作这玩意，不用那么正襟危坐，完全可以闲散、老不正经。

现在想来，写作最能焕发一个人的读书热情，写作能让人的阅读具有一种"专业感"，以至于我有这样一个观点：爱读书吗？写作去。

三

那会儿，校长大会小会说"末位淘汰制"。所谓"末位淘汰制"，一年下来，各项指标综合考评最后一名，待岗，去市里进修接受"再教育"，合格了再回来。我胆小，又好面子，糗事落咱身上，要么跳槽，要么跳楼。

怎么办？你不朝前走，待岗的说不定真是你。正琢磨着呢，一抬头，见建筑工地的围墙上刷着一条标语："今天工作不努力，明天努力找工作。"

初夏里的我，浑身激灵了一下。再不好好干，你下岗了，让老婆养着你？身边那么多女老师，一个男人没志没气地混在里面，多不自在。

一定要活出个人样来。一个村小教师，要活出样子来，路呢？想来想去，好像只有写作，《三月》《四月》《五月》，《吴江日报》能发。可学校里，语文老师写点小散文，不算出息，只有教育方面的才算。好吧，硬着头皮写教育。

1998 年是毕业后的第八个年头，我第一次捧起了教育杂志，不怕你笑话，那些论文，我读不懂。一期期啃下去，渐渐能懂了。这年 10 月，我狠下心，买了电脑。我对老婆说，我会把电脑"写"出来的。那时候，一篇不足千字的教育随笔，我要敲打一周。每天晚上 7 点到 9 点，雷打不动地坐在电脑前。冬天，家里没空调，老婆可怜我，搬来一个纸箱，纸箱里铺了棉被，棉被裹住腿和脚。一星期，十几个小时，生产一篇千字文，平均一小时写了几十个字。

为了挣来电脑钱，我拒绝了电视。1998 年到现在，15 年里，我只看了三部电视剧。你要获得什么，就要拒绝什么。村小里所有的教育杂志，我看了个遍；看完了，去中心小学借。多年后，钮云华校长说起，学校的图书馆，常年没有人借书，借的，也都是小说、野史，只有管建刚到了那里，专拣

"教育类"的。不是我喜欢"教育类",而是我要写"教育类"。

四

做老师,总要教出点东西来。想来想去,教作文,还有点儿信心。做了好几年,想写一本书。写书,没那么容易,不能光把做法罗列,还得把背后的东西讲出来。我讲不清楚,写不明白,只好去读。哎呀,这里有一句和我的做法相吻合的理论,那里也有一句和我的做法相吻合的理论,一边读,一边找,一边乐。

我读了老一辈的《文话72讲》《怎样写作》《文章作法》《谈文学》,大学教授的《文学创作论》《语文:表现与存在》《现代写作学引论》《高等写作学引论》,小语名师的《"儿童作文"教学论》《袁浩小学作文教学心理研究与实践》《贾老师教作文》,台湾的《作文三书》,国外的《作文教学的100个绝招》《成为作家》《用写作来调心》《西方写作理论、教学和实践》。写作这事儿,作家最知甘苦,老舍的《出口成章》、肖复兴的《我教儿子写作文》、叶永烈的《叶永烈教你写作文》,我也读了。

实践了再读,带着印证去读,一路做,一路读,一路思,一路写,于是有了"管建刚作文教学系列"。写作,大大提高了我的阅读效率;阅读呢,大大丰富了我的写作、加快了我的写作。现在,我必须诚实地告诉你:管建刚不是有水平了才写书的,而是写着、写着,有点水平了。写,然后知不足。有了"写",你会清楚地明了自己的"不足"具体在哪里。不写,只感觉自己有"不足",永远不知道"不足"的具体方位。

很多老师都说,不会写文章,我缺理论。没有理论,那去读一点吧。老师们说,枯燥、晦涩,读不下去啊。告诉你我的秘诀:你要"写","读"的背后,有个"写"的等待,再枯燥的书,也能读下去了。

这样的"读",像"水滴到了海绵上",而不像以前,"水滴到了油上"。

五

工作后的阅读，绝大多数有指向、有目的、有功利。套用"二八定律"，二分自由散读，八分功利性阅读。求学时代，可以漫无目的，可以遍地开花，工作之后，我们已经失去了漫无目的、自由漫步的机会，时间，不允许我们胡添乱地瞎翻。

前两年，我开了一个"微课"，每天用5分钟上"表扬课"。每天记录一个表扬小故事，两年积累了20来万字。表扬真是个好东西，能让你的心情一天天好起来，到班级，第一件事：表扬，眼睛都去看好的一面，心情当然好。表扬可不只是动动嘴皮子，有的表扬要及时，有的表扬要滞后；有的表扬要点名，有的表扬要匿名；有的表扬要当面，有的表扬要"曲线"，有的表扬要指出优点，有的表扬则要"影射"缺点……

出版社的朋友听了，鼓动我整理出来。原始资料有了，而要写成读者爱看，读后有所收获的书，并没那么简单。于是不忙去整理，先读书去。我找来了与"表扬""激励""鼓舞"相关的书，《正面管教》《表扬的技巧》《表扬批评都有道》《夸出好孩子》《左手表扬，右手批评》《好孩子是夸出来的》《最有效的激励艺术》等，嘿，表扬的学问真不少：

"大人们很容易习惯性地以负面方式对孩子的不良信息做出回应，而不是处理隐藏在不良行为背后的信息，以激励孩子做得更好。"

"当大人使用相互尊重、解决问题、鼓励以及关注解决问题的方案时，孩子们就会得到归属感，并且发展出负责任的行为。"

"一个孩子可能85％是优点，15％是缺点……当你用85％的时间和精力都用来关注15％的消极方面时，消极方面就会膨胀，而积极方面不久就会消失。"

"表扬已经不是难于启口的要求了，也不是一年才吃那么一次的法国大餐，而是成为了每天都有必要吃的大米、白面和水。它已经成了激发人们干劲的不可或缺的能量之源"……

这么读着读着，想起了魏书生说的，写作不只是输出，也是一种输入，一个要经常从写作中输出的人，一定是个不断在阅读中输入的人。一个想写作的人，一个想以文字的方式"表现"自己的人，必然是一个阅读的人。几乎可以说，没有表达的阅读，是没有坚实根基的阅读，随时可能"断"掉的阅读。

六

"写"然后"读"，很容易"读"以致"用"。有了"写"的"读"，你会琢磨别人的"写"，为什么到了作者笔下，编辑就青睐，读者就喜欢？这叫"专业地读"。我们去看摄影展，看出照片上的意思、意境，不错了。摄影师去看，还要琢磨人家怎么把这种意思、意境用"光"和"影"表现出来。摄影师为什么能"专业地读"，因为他一直在"摄影"，有了"摄影"的实践，再"读"人家的作品，他的"读"就发生了"质"的变化。

一部好电影，第一遍，你关注电影起伏的情节，男女主人公的情感纠纷以及故事结局。第二遍，你会关注整体构架，前后呼应，还有第一遍没关注的东西。第三遍，你或许会领悟到导演别出心裁、匠心独运的地方。读文章也是。第一遍，关注内容、情节；第二遍，关注细节、情感；第三遍，关注语言、关注表达。多次读，才能读出精华。

我们的教育实践，也要反复"读"。第一遍，我们处在教育事件之中，往往没法看清自己。"写"的时候，大脑的放映机慢慢"回放"，你或许就发现了自己的教育智慧，这些教育智慧经由笔的传递，在你的大脑皮层留下深刻的印象，由此深入你心。或许你发现了自己的教育缺陷，这些教育缺陷经由文字的剖析，在你的大脑皮层留下了深深的遗憾，缺陷由此转化为"刻骨铭心"的教育经验，你由此知道了教育的"沟"和"坎"。有时候，写着写着，前面写好的东西，删掉从头再来，那又要再"读"一遍自己的教育行为。反复"读"自己的教育行为，从而将自己教育行为里的纹理看得清清楚楚、明明白白。

这种阅读，除了自己，谁也无法替代。这个意义上的"读"，让教育写作充满了唯一性，谁经常出入于这个"唯一"，谁就能变得更敏锐。

七

十多年前，去南京夫子庙玩，摊铺上有售小册子，藏青的封面，竖写的书名，古色古香，价格也便宜，十块钱三本。我挑了《围炉夜话》《小窗幽记》和《菜根谭》。说来也奇怪，看这几本书，我着了魔似的。三本书都很薄，一两百句，很快读完了。读完了，再读。放在包里，等车、开会之余，拿出来读；放枕边，睡前，起床后，拿起来读。

常有人说"顺其自然"，不要太执著了。《小窗幽记》说，"事但观其已然，便可知其未然；人必尽其当然，乃可听其自然"。扪心自问，我"尽其当然"了吗？没有"尽其当然"，怎可"听其自然"？

小语界，阅读教学轰轰烈烈，作文教学凄凄惨惨。我呢，一心一意地实践着被挤到边缘的作文教学。也曾苦闷、彷徨，想放弃随大流。但《围炉夜话》说，"矮板凳，且坐着。好光阴，莫错过"，于是我坐在电脑前的"矮板凳"上，每天晚上两小时，坐了十多年。

人活着，时有不顺心，烦心、苦心，《围炉夜话》说，"人心统耳目官骸，而于百体为君，必随处见神明之宰；人面合眉眼鼻口，以成一字曰苦，知终身无安逸之时"。多年后，读 M. 斯科特·派克的《少有人走的路——心智成熟的旅程》，开篇即是："人生苦难重重。这是个伟大的真理，是世界上最伟大的真理之一。"这句话，王永彬先生百年前就说过了，还说得那么中国。

这三本十块钱买来的小书，居然陪伴了我十年。前两年，重游夫子庙，买了一堆《围炉夜话》《小窗幽记》和《菜根谭》，送予友人。我的经典未必是他们的经典，影响我的书未必影响他们。然而，或许，物以类聚、人以群分，我们有着某种隐秘的灵通。

阅读是一种寻找。对写作而言，那是一种表达的寻找；对心灵而言，那是一种精神的寻找。年轻时，喜欢琼瑶、金庸、古龙、梁羽生，他们书里有我们精神的影子、心灵的渴求。现在的孩子喜欢郭敬明、笛安，他们的书里也有孩子们的精神影子。然而你不可能一辈子在琼瑶的书里卿卿我我，也不可能一辈子在金庸的书里打打杀杀，你最终要成为你自己，必须寻找到那个属于自己的精神家园。

然而遗憾的是，很多人一辈子都没有寻找到真正属于自己的书。

八

写写读读，读读写写之间，那不是我下半辈子可以想见的生活，那是我下半辈子可以遇见的生活。

本文刊载于《人民教育》2014 年第 2 期

人大复印报刊资料《小学语文教与学》2014 年第 4 期全文转载

No. 14：

寻找阅读的专业属性

阅读教学要培养普通阅读者，然而不能到此为止。

语文课堂里的学生，跟普通的阅读者不一样，学生是专业的语文学习者。阅读，有它的专业属性。阅读数学书、阅读历史书、阅读生物书、阅读思品书，跟语文课上的阅读根本区别在哪里？不在能否懂得意思，也不在获取意义，而在于表达。童话《白雪公主》和电影《白雪公主》有什么区别？小说《红楼梦》和电视剧《红楼梦》有什么区别？内容上，只要忠于原著，没什么区别。区别在表现手法，电影、电视剧的表现手法和小说的表现手法完全不一样。作为专业的语文学习者，对表达手法的理解才是专业所在。好比魔术师看魔术师的表演，魔术的内容和意义一看而过，费心琢磨的是别人是怎样表演出来的，它的奥秘究竟何在。阅读中，对意思的理解属于"自然消化"，而探究表达奥秘的阅读则属于"美食家"的工作。指向写作的阅读要细思慢想。

"写什么"和"怎么写"，就像人的肉体和灵魂，没了肉体，灵魂也就失去了依靠；丢失了灵魂的肉体，无疑是行尸走肉。只理解内容的阅读者，不说是"行尸走肉"，至少是不够专业的阅读者。

力气花到什么程度，才读懂"写什么"呢？我以为，把握全文的主要意思和中心，就可以了。一些内涵上的东西，可以适当忽略，也可以渗透在"怎么写"的理解中、领悟后。"怎么写"是里面的"肉"，"写什么"是外在的"皮"。理解了"怎么写",一些意思、意义回头看,便清晰了。"怎么写"的基础是"写什么",反过来,"写什么"的理解也会依赖于对"怎么写"的理解。

阅读内容理解上的障碍,主要来自三点:一是缺乏背景知识,只要提供相应的注解或读物即可;二是缺少生活体验,意义理解的难点大都在此;三是表达的陌生化。小学二年级的学生读不懂《青蛙看海》,因为文中有一大段对话,对话中的提示语;有的在前,有的在后,有的在中间;有的省略提示语,有的提示语里有"说"字,有的却没有。孩子第一次接触提示语位置的变化和省略的提示语,自然读不懂。这里的"读不懂",不是意思读不懂,而是表达形式读不懂。

一

"指向写作"的阅读课,指向的是阅读的专业属性。语用能力当然不只有写作能力,语言积累、朗读能力、搜集和提取信息都是语用能力。但是语用能力不能总停留于积累、朗读、搜集和提取。

语文教学有一派说法——没有积累哪来运用,小学重在积累,以后运用。其实不必等子弹填满了,才举枪射击。边填子弹,边看猎物,边寻找机会射击。况且,学生的语言库从不是空仓。语言积累不只是"书"中之事。苦读十年,却不能学以致用,捧着书消遣以逃避现实?"指向写作"的阅读,发展语用能力是必然和必需的。

作为专业的语文学习者,与专业的游戏开发者一样,阅读的背后,有一个重要的目的,就是能创造供别人阅读的产品。阅读教学要培养专业的阅读者和具有创造性的阅读者。这个"创造性",即"指向写作"。

儿童作文应该是"自己的话,别人的结构",现实的情形却是"别人的话,没有结构"。儿童怎么会用"别人的话"而不用"自己的话"呢?这是太重视积累的缘故,学生以为"自己的话"是口头的话、不上档次的话、不能入文的话,只有书面语,才能入作文。

儿童作文,缺的不是语言,而是结构。儿童作文的结构,几乎处于"原生态"，教师几年教下来，教和没教一个样。其实，语言积累可以有多种渠道，结构却要从一篇篇文章中读取。阅读教学要指向语言的结构、段和篇的结构，而不是语言本身。阅读教学不讲段构、篇构，势必要在作文教学中专门讲，只要教材合适，"专门讲"时，一般都会选用课文作例子。既如此，何必一番事体两番做？何不在阅读教学中"指向写作"呢？

二

文章本天成，妙手偶得之。文章哪有技巧可循？此话既对也不对。邓亚萍打球有没有技巧？比赛中，邓亚萍不可能有任何技巧的想法；训练中的邓亚萍，不可能没有扎实的技巧训练。对手要备战邓亚萍，也会仔细观看邓亚萍的比赛，从中分析她打球的技巧、风格，可见，无技巧中又充满了技巧。写作的最大技巧是无技巧。写的时候忘了技巧，不是说不存在技巧，而是技巧已经完全融入写作本身了，连作者本人都没察觉。完全无技巧的意识流作品是有的，却不多。

小学教材中，这样的作品几乎没有。莫言的《蛙》很有技巧，朱自清的《匆匆》、叶圣陶的《记金华的双龙洞》、冯骥才的《珍珠鸟》，都很有技巧。语文教师要像专业人士揭秘魔术一样，揭示课文背后的表达技巧。文本的解读，本质上不是揭示真相，而是基于儿童，基于自我。

"你怎么看20年后的中美关系""请你谈谈对第二次世界大战的看法"……美国学生常有此类大话题的写作。这种写作，必要进行大量的阅读。这种"基于研究任务"的阅读，本质上是"指向写作"的阅读。阅读中获得材料、产生观点，都是"指向写作"的一部分。作文教学研究的淡漠和滞后，很容易窄化写作，也容易窄化"指向写作"的阅读课。"指向写作"的阅读课，不只是指向写作的技巧，也指向写作的情感、写作的思想。写作里所有的东西，涵盖了阅读里的东西。没有充沛的情感就没有好的写作，没有独到的思想就没有好的写作，没有高尚的人格只能生产伪文章。

"指向写作"的阅读课，不是将以往的阅读教学的价值点抛弃，而只是视角的变化。以往教师从内容和意义的角度看思想、情感、人格，现在从写作的角度理解。遗憾的是，很多语文教师自身没有写作的甘苦得失，对儿童作文、儿童作文教学的理解又存有严重偏差，作文教学变成"作业教学"，作文的勇敢和真诚、豁达和缜密、宽容和担当，荡然无存，写作净化心灵的功能，写作本身具有的道德属性，随风飘散。

三

"指向写作"的阅读课，要钻研课文里的写作知识点、技巧点，更要钻研学生现有的作文状况，明了学生作文最需要什么、最欠缺什么。在我的教学中，因为学生作文时不知道省略提示语和提示语位置变化的妙用，于是就有了《变色龙》的指向写作的教学内容；因为学生作文常由着性子写，不大考虑顺序的安排以及内容与总结之间的顺序关联，于是有了《陶校长的演讲》指向写作的教学内容；学生作文写到哪里算哪里，不知道段落匀称的追求，不知道故事连接的丰富和美感，于是有了《理想的风筝》的教学内容。学生作文写到什么程度，决定了阅读教学的"写作点"挖掘到什么程度。很多时候，课文本身有更精彩的写作知识、写作技巧，这阶段的学生不需要，那就不教。从这个意义上讲，不了解学生作文状态，不了解作文教学，很难做好"指向写作"的教学内容的选择。也正是如此，"指向写作"的阅读课，能够实现真正意义上的"读写结合"，实现"阅读"和"作文"两条腿走路。

必须申明，"指向写作的阅读课"和"读写结合"，有着根本不同。首先，"读写结合"中，写只是内容理解的一种方式。在教《第八次》时，对"布鲁斯王子在磨坊里看到蜘蛛一次又一次地结网，到第八次才结成了一张网"，教师请学生发挥想象，从一次又一次结网的蜘蛛说起，它身上有着一股怎样的精神，再写布鲁斯看到这一切想了什么。这里的"写"，是为"读"服务。"指向写作"的阅读课，正好倒过来，"读"是为"写"服务，内容理解是基础工作，表达奥秘才是重点工作。其次，不少"读写结合"重在"字词句"，品析"字词句"里的情感和含义，点出遣词造句上的精妙。小学低中段，这样做可以，而高段就不够了，"段构""篇构"要成为高段的重点。"篇""段"波及面大，教学要撒得开，势必要减少内容的理解。再次，"读写结合"中的

"写",大都指"动笔写"的"写"。一些地方,甚至要求一课一写,写了才算读写结合。"指向写作"的阅读课,动不动笔不是关键。它重在写作意识的培育,写作知识、技巧的渗透,至于写作知识、写作技巧什么时候能用上,不强求。最后,"指向写作"的阅读课,不在"写不写"上纠缠,它关注是不是"真写作"。很多课例,要求学生想象写话。如上面所举课例《第八次》,那样教不是在养育写作,此处,最要学生明白的是,布鲁斯明明有那么多内心活动,课文为什么不写、为什么留白?另外,"指向写作"的阅读课,所教授的写作知识、技巧与文本息息相关。不少的"读写结合",则脱离了文本的表达特点、表达奥秘。

四

"指向写作"的阅读教学,不单指向文字技巧,也指向文心技巧。目前"指向写作"的阅读课研究,尚处于文字技巧的阶段。高年段的文字技巧,重在篇感、段感。以篇感为例,有许多值得研究的内容。①故事不等于作文。其中有作文小于事情的情况,比如《我不是最弱小的》《穷人》,课文结束了,故事没完结。也有作文大于事情的情况,比如《苹果里的五角星》《山谷中的谜底》,故事早结束了,文章还往下写。②悬念。有的故事本身有悬念,只要顺着故事写,悬念就产生了;有的故事没悬念,作者用技法写出了悬念。③对比。《林冲棒打洪教头》,林冲与洪教头的对比;《夹竹桃》中夹竹桃和其他花的对比……④段落匀称。主要段落的字数都差不多,如《小镇的早晨》一、二、三节;还有间隔性的段落匀称,如《烟台的海》第二节和第四节、第三节和第五节。⑤相似句。《云雀的心愿》《小镇的早晨》《陶校长的演讲》,主要段落的起始句,都用了相似句或相似句群。⑥类比。《读书莫放"拦路虎"》中,把读书遇到的障碍比作"拦路虎"。这写法很管用,比如爸爸无所不知,类比成百度;妈妈凶,类比成老虎、火山;同学跑得快,类比成刘翔、火箭。⑦曲折感。《半截蜡烛》《彭德怀和他的大黑骡子》,一波三折,抓故事的曲折点,重要的篇构技巧。⑧借物写人。《宋庆龄故居的樟树》,初看,写树;细看,写人。写人,可以用故事来写,也可以用"物"来写,新颖、新鲜。⑨

侧面描写。《黄河的主人》，写艄公的话很少，细一琢磨，都在写艄公。⑩点面结合。《大江保卫战》，第二节写"面"，第三节写"点"。点面结合，分化出"点＋面""面＋点＋面""点＋面＋点""点＋面＋点＋面"等多种。呼应如《推敲》，倒叙如《钱学森》，明线暗线如《记金华的双龙洞》……

　　指向写作的阅读课，听起来作文味浓了点。然而这有什么不可以呢？阅读课，上得有点作文的味道；作文课，上得有点阅读的味道。不管姓"读"或姓"写"，有一点不变，它们都姓"语"。

本文刊载于《人民教育》2014年第9期

No. 15：

"自己的话"写"自己的事"

什么是"自己的话"

一

儿童用自己的脚走路，用自己的手干活，用自己的眼看世界，用自己的脑袋想问题，用自己的嘴说话。儿童有"自己的话"，用"自己的话"写作文，极为平常，极其正常。然而，儿童作文里却少有自己的语气、语调。为何？用的不是自己的话。母语积累打娘胎里就开始，孩子光通过耳朵的阅读已达10年。只是他们以为，嘴边的话，不上档次，不能写到作文里。儿童被要求：作文里的话要像"优秀作文"里的"优美语段"，作文里的话要像经过老师指导的。

每个人的成长，都从找到自我开始。找到了"自己的话"，儿童的作文才能成长。描述一件"极其正常""极为平常"的事，儿童却不用"自己的话"。语文教师要有足够的敏感，帮儿童找到属于他"自己的话"。

二

情不自禁、忘乎所以之际，往往显露真性情。写翻腾的话容易情不自禁，容易显出"自己的话"。一个人的内心翻腾，是开心、兴奋居多，还是委屈、愤怒居多？——人生不如意十之八九，我想还是后者居多。

只是孩子一拿起笔写气话、恨话，语文教师便紧张起来，紧张"思想不健康"。语文教师多是班主任,班主任有专门津贴,语文由此充满了"道德属性"。由"不健康"到"健康",学生最大的收获大概是:以后要把真心话藏起来。将道德凌驾于儿童作文之上,儿童的作文写不好。相对于成人,儿童拥有一项"特权":童言无忌。"真",才是儿童作文最大的特征。

写内心翻腾的话,儿童的语言才会有"质的飞跃"。

马祥致平时作文水平一般,但就是这小子,气愤之下写出了:别以为你们是暴烈女就可以欺负男生,别以为你们是暴烈女就可以无法无天……男生不是你们出气的"玩偶";男生不是你们打架的工具……要不是你们女生,男生不会变成这样子;要不是你们女生,男生不会怕你们;要不是你们女生,男生会看你们不顺眼吗?

对仗、排比、反问,如此贴切,如此气势磅礴。

四年级的任驰宇攻击周轩:还有周轩。谁可以证明她是刀子嘴豆腐心的?我可以证明,她不是。假如是的话,为什么我路过那里,她手痒非要弄我一下,而且下手那么狠。

我问任驰宇,"我可以证明,她不是"中间为啥有逗号。他答:周轩如果看到"我可以证明",心里一定开心,再来个"她不是",一下子从天堂掉到了地狱。

语言的智慧就藏在"自己的话"里,淋漓尽致,汹涌而出。周轩读了,火得不得了,写道:你太单纯了吧,你有没有想过我为什么只打你,不打别人?你令人讨厌,你很贱。你不是说我不是豆腐心吗,本来就是,你太孤陋寡闻了吧,连"最毒妇人心"都不知道。

语文教师放下"道德霸权",才能看到真实;只有看到真实,才能有真的教育。给儿童以开放、民主的话语环境,儿童"自己的话"会生动流淌,作文里"自己的话",各有各的样,各有各的神。

五年前,"野小子"阮家辉写道:管建刚是一个无任何外表特征,无一点表情的双性动物。朱业盛,你知道吗?管建刚就是以互相攻击发表作文为诱惑——纪念卡,让我们为他疯狂写作。原本的好朋友竟翻起老本来。如果再这样下去,我们就是木偶,管建刚的木偶。不要为管建刚活着,要为自己活着才是最好的。同学们,朱业盛,如果你们还在被文字的力量吸引,快和解吧！就算拿到"诺贝尔文学奖"又能怎样，风光的是自己吗？No，是那个管建刚，我们写得越好，管老师名声就越高："你看，管老师的学生，多会写作文啊！"一学期后，阮家辉的作文便在正式报刊接连发表，他懂得了什么叫说真话。儿童说真话，用的一定是"自己的话"。

三

每个生活在当下的孩子，都渴望融入时代，都喜欢用流行语。

• 这段时间怎么了，那么流行"去哪儿"，"爸爸去哪儿"，"时间去哪儿"，"飞机去哪儿"，现在，"水杯去哪儿"。什么世道啊！

• "2"或者不"2"，"2"就在那里，不三也不四。

• 本次骂人特点分析到此结束，详情请登录 www. 骂人不带脏字.com……

作文里的生活气息，往往由富有生活气息的词汇带来。30 年前的儿童写"三八线的故事"，30 年后的儿童也写，故事如出一辙，你如何判断二者的区别？答曰：语言的时代气息。

活的语言来自生活。流行语是生活中最活跃的语言。大胆地使用流行语，是一条活跃儿童语言的捷径。捷径都有弊端，这正是老师们担忧的。然而，不能因为弊端而把路封死。孩子使用流行语出点问题，很正常。不加选择地使用流行语，那不是学生的错，而是教师不加引导的错。总结规律、引导学生去芜存菁，这才是教师的本事。

的确，不少流行语过段时间消亡了，然而也有不少留了下来。2012 年 6 月出版的第 6 版《现代汉语词典》，收入了"雷人""给力""达人""愤青""碰瓷""潜规则""力挺""劈腿""八卦""无厘头""忽悠""嘚瑟"等 3000 多个流行语。

语言宝库就此丰富起来。对于语文教师而言，不许学生用流行语，是切断了儿童语言与生活的"脐带"。儿童的话，因此少了时代感，往往也没了"自我感"。

哪些是"自己的事"

一

所有的"马小跳"们认为他们的那点破事哪能写成作文，写作文必须"高大上"。写作文，得有一种专门的生活、专门的事。这个"谬误"，恰是语文教师造成的。作文前，带着学生参观、活动、游戏、实验，一遍又一遍，学生习惯了丢掉"自己的生活"，眼巴巴地等待、讨要所谓的"作文生活"。

有一对弟兄，父母过世，留下几亩田地。哥俩一分为二，哥守着田地，种点青菜、萝卜，苦以度日；弟卖了田地，去学冶金术。三年后，弟学成归来，哥在田头整庄稼。哥说，田单地薄，年头不好，收成差。弟蹲下身，看了半晌，站起来拉住哥，激动地说："哥，你知道吗？你的田地，是个大金矿啊！"哥当然不知道，哥只知道在上面种青菜、萝卜，苦以度日。

都说生活是作文的源泉。学生每天都在"生活"，每天都在"生活之中"，儿童的生活就是一个巨大的写作"金矿"。可语文教师却说，"小孩子有什么事好写呢""小孩子有什么生活呢"，一个劲地在学生生活的田地里种青菜、种萝卜。

儿童明明有着用之不尽的财宝，偏偏让他们苦巴巴地卖萝卜、卖青菜。

教师刻意制造的"作文生活"，比较新鲜，有陌生感，能刺激人，但它只是一根不必要的"拐杖"，一朵权当摆设的"塑料花"，绝不是生活本身。

"每个人都可以是作家，鸡毛蒜皮的事情就可以是天大的事情、津津乐道的事情——不要跟我说鸡毛蒜皮是小事，这个世界没有小事，所有的事情都是大事。民族问题是大事，台海危机是大事，谁失恋了、谁拉肚子了、谁关节炎都是大事，这个观点我目前雷打不动地坚持。"这不只是徐静蕾的观点，也是我的观点。肚子痛了，那是你的大事；和朋友吵架了，那是你的大事；买了件称心的衣服，那是你的大事；被气个半死，那是你的大事。每一天，我们都在演绎着属于自己的"大事"。每天，儿童也都演绎着属于自己的"大事"。作文，就是写自己的"大事"，哪怕这些"大事"，在大人来看，小得不能再小。对写作而言，事情的大小，并不取决于事情本身的"大"或"小"，而取决于作文的人投入的情感的多和少。只要那事让你欢喜让你忧，那就是你的大事，那就是最好的作文材料。

二

办公室的李老师说：昨天儿子问我，妈妈，你喜欢我还是喜欢老爸？李老师不宠孩子，答道：我更喜欢你老爸，我是你老爸的老婆呀。老婆爱老公，天经地义。儿子很郁闷，站一边生气去了。突然，小家伙跑过来，一本正经地说："妈妈妈妈，那你赶快给我娶个老婆吧！"

谢老师为了培养女儿的独立精神，让女儿一个人睡小房间。每天睡觉前，女儿总到谢老师房间黏糊，每次，谢老师都要下逐客令，赶女儿回去。人的忍耐是有限度的。一次，女儿忍不住了，爆发了："妈妈，你们大人都是骗人的。你天天说要培养我的独立精神，让我一个人睡觉，你呢，从来不培养自己的独立精神，天天晚上和爸爸一起睡觉。"

我听了，很兴奋，问："这些有没有让孩子写成作文呀？"李老师没有说话，谢老师也没有说话，两人盯着我。从她俩的眼神里，我读懂了一个意思：你教作文教傻了吧，这怎么可以写成作文呢！

人们都说现在的儿童作文少有童真、童趣。怎么会呢？儿童就是儿童，今天的乐趣并没有比昨天少，今天的稚气也不会比昨天少。童真、童趣还在，作文里的童真、童趣却不见了，这说明我们的作文教学出了问题。

我们没有让孩子明白，作文就是写自己的那点事儿。几乎整个社会对儿童作文"写什么"都产生了严重偏差。拿起笔的那天，孩子就瞅明白了：写作文和自己的生活不是一回事儿。这一点你看小学低年级的写话教学就明白。

低年级是看图写话的天下。提供"图"，提供"写"的内容。一两次可以，而以此为主要形式，孩子会得到一个极为"致命"的信息：写作文有专门的"图"，"图"上的事儿才可以写作文。"印刻效应"，对儿童今后的作文产生的影响重要而深刻。也可以这样追溯，无数的家长、语文教师也是在这个"效应"下长大的，他们又在辅导或指导着下一代，一代又一代。

一个不是秘密的秘密——学生的日记比作文有趣。盖因孩子都知道，日记可以说说自己的事。儿童作文，第一重要的，非技巧，非思想，非优美语句，而是情绪、情感。日记中的儿童，在自己的天地里，无所顾忌。

叶圣陶先生说过，日记写好了，不必有什么专门的作文。什么时候我们可以明明白白地告诉学生：写作文就是写日记，写日记就是写作文？

三

每个人的心事各不相同。男孩和女孩不一样，城市的孩子和农村的孩子不一样，文静的孩子和调皮的孩子又不一样。马小跳和张达、毛超和唐飞，他们也不一样，哪怕在同一个学校、同一个班级，吵吵闹闹一起长大。

一个人最想写的事儿，是他生活的敏感点、兴奋点、痛点。不用去制造"作文的生活"，只要帮孩子去发现生活上的敏感点、兴奋点、痛点。

潘泽玮家里做了什么好吃的，哪里新开了美食店，老妈淘了价廉物美的原材料，只要写好吃的，都不错。《班报》给他开了"美食专栏"，作文越写越好。

小濮，平时作文只写百来字。他家住湖边，湖被老板承包了。湖里鱼多，他去偷鱼。这事儿，他写了400来字。同他聊天，他的敏感点、兴奋点都在"捉鱼""养狗""打鸟"，干"坏"事上。我请他写"自己的事"，每次都能写四五百字，他很兴奋，有了信心。毕业前夕，《班报》的"留言角"上他写道："我很高兴，遇到了一位伟大的作文老师。"

你非要儿童去写"敬佩的人"，去写"环保小卫士"，他跑到自己的生活库里，翻个底朝天，没有，只好咬着笔头，痛苦地编故事。

一切教育的幸福在于我们理解了儿童，一切教育的不幸在于我们误解了儿童。大人们津津乐道的重大问题，儿童也许会困得打瞌睡；大人们以为轻描淡写的小事，儿童看来，也许重大得饭也吃不香、觉也睡不实。

儿童作文就这个样

2001年，12岁的蒋方舟出版《正在发育》，书中写："我发现了，一男一女在一起，如果尽说些过去的事，那就是刚结婚；如果尽说些将来的事，那就是要结婚；如果尽说些别人的事，那就是结婚多年了。""人一结婚，不出5年，男的就不大敢仔细地完整地看自己老婆了，即使看了，也不会仔细看第二遍。然而，我找男朋友，是大大地有标准的。要富贵如比哥（比尔·盖茨),潇洒如马哥（周润发），浪漫如李哥（李奥纳多），健壮如伟哥（这个我就不解释了）。"读了你都忍不住笑，这丫头片子好有才。

用自己的话写自己的事，写出来的，大抵都这个样子。不信，你看《同性恋余波》——

自从赵则敏在《周报》上发表了《"同性恋"》，我的日子每况愈下：我变成了班里几条"男色狼"的"同性恋"对象。"同性恋"最有水平、最疯狂的，要数大名鼎鼎的阮家辉也。

一下课，我就冲出教室，不然又要被阮家辉"同性恋"了。阮家辉像长了千里眼，我逃到天涯海角，依然能准确无误地把我找出来。这不，他又冲了过来。我见势不妙，连忙掉头狂奔。论跑步，我根本不是阮家辉的对手，他一把拉住了我，右手手臂钩住我的脖子，左手手臂随即包在后面，嘴嘟成了喇叭状，眼睛享受似地闭了起来：

"不要跑嘛，让我亲一口嘛。"

我被他的话弄出了一身鸡皮疙瘩，实在太肉麻了，我本能地撑住了他的双肩："不，不要啊，你给我走开！"他的嘴巴在向我的脸靠近，近了，近了，就几厘米了，啊，我的双手突然没有力气了，阮家辉在我的脸上快速亲了一口，走了。

我站在那里，愣愣地看着他离去，思维似乎打了一个死结，刚刚的事一直印在脑海中，挥之不去。

这就是我所理解的儿童作文，这就是我所理解的"用自己的话写自己的事儿"。亲爱的老师，你鼓励你的学生，用这样的话写这样的事儿吗？

本文刊载于《人民教育》2015年第2期

No. 16：

从"学科教学"到"学科教育"

扔掉剩下的，也许就是有用的

六年级家长会上，安排了学生和家长对话。学生发问：我们花了那么多时间做的作业、功课，将来究竟有什么用？将来的工作用得着应用题、关联词填空吗？家长们难以回答，老师们也一时语塞。

教育要给孩子一生有用的东西，那什么才是一生有用的呢？家长不清楚犹可原谅，教师稀里糊涂真的令人汗颜。

我是个农村娃，从小喜欢数学，讨厌语文，自打上了初中，语文没得过"优"。阴差阳错成了语文教师，发表了几百篇文章，出版了十多本书。

是什么塑造了今天的我呢？除小学里的识字，对我有重要意义的，第一叫"坚持到底"。小时候，正值承包到户，家里田多，活多，还有"三产"，一放学就要干。但活再多，我都咬牙干完，绝不偷工减料，这磨练了我的性格。第二叫"为他人想"。小时候缺吃少喝，偶尔有吃的，妈从不许我放开吃。私底下，妈告诫我，喜欢吃的菜不许多吃，你喜欢吃，别人也喜欢吃，想想别人！第三叫"要有规矩"。坐要有坐相，立要有立相，一个人不能没规没距。第四叫"定得下心"，我学静坐，一坐两小时，坐下来写文字，心不浮，气不躁。此四样加识字，我受益匪浅。

教书育人、教书育人，教书的目的是育人。究竟要育"人"的什么？从我的经验来看，有三大内容：第一，"人的道德核心素养"。道德素养，一句话，叫做"为他人着想"。为什么要诚信？为他人着想。为什么要友善？为他人着想。为什么要遵守各种规则？遵守规则，既方便他人，也方便自己……将"为他人着想"付诸行动的人，不管其学历高或低，不管其成就多或少，一定是真绅士。"为他人着想"的思想和行为，那是一辈子有用的。

第二，"人的非智力核心素养"。从"情感、意志、兴趣、性格、需要、动机、目标、抱负、信念、世界观"来谈，那太宽太泛了。非智力因素里，最为核心的、最要培养的是自控力、专注力、坚持力、耐挫力。当年，村小的教室里挂着巴斯德的名言：告诉你使我达到目标的奥秘吧，我唯一的力量就是我的坚持精神。不少家长常说"开心就好"。比开心更重要的，是抵抗不开心、化解不开心的能力。这个能力的获得只有在"不开心"中，即抗挫中得以锤炼。一个人的自控力、专注力、坚持力、耐挫力，这些是你一辈子有用的。

第三，"学科的核心素养"。学科知识、学科能力当然重要。随着社会的发展、科技的进步，学生所要学的课程越来越多，所有的课程都要求低耗高效，多年来的师训也都着力于提高教师的教学技术和水平，没有去研究学科的核心素养。

该扔掉的就应义无反顾地扔掉，扔掉了剩下的，也许就是有用的，这也正可以回答学生的质疑：花了那么多时间学这些有什么用呢？再不能"眉毛胡子一把抓"了！

抓住来自现场的"小"事，就是做了教育的"大"事

分科教学占据了90％以上的教育时间和空间。学校教育几乎等同于学科教学。即便各学科找到了"核心素养"，学校教育至多只是精简化了的、直指学科核心素养的分科教学。

不得不面对这个存在已久的事实：语文教师的眼里几乎只有语文，数学教师的眼里几乎只有数学，英语教师的眼里几乎只有英语，美术教师的眼里几乎只有美术……教师眼里的学科知识、学科能力，首先是本位的。以至一位数学实习老师，面对学生违反课堂纪律，熟视无睹之余，还振振有词：那是班主任的事。

学科知识、学科能力本身，无法自然发酵为"人"一辈子有用的素养。学科知识、学科能力要转化为学科素养，转化为人的素养，必须要有非学科、非量化、非智力的"要素"介入。这些"要素"，不能指派给某一个学科，即便指派给了某一个学科，它也无法独自承担。

"人的道德核心素养""人的非智力核心素养"比之"学科的关键素养"，对未来更有影响力。这一点不能不说到"包班"的好处，每一门学科的教学都是教师进行"人"的教育的基地。当然，远水解不了近渴。目前来讲，最为便捷的办法，就是在分科的学科教学中，有效注入核心素养的培育。

道德素养的培养也好，非智力素养的培养也好，都要一个载体，例如在活动中培养学生的核心素养。课堂学习本身也是一个活动——学习活动，是一个占据学生在校90%时间的学习活动。在学习活动中，学生一定会表现出专注或不专注、坚持或不坚持、遵守或不遵守规则、友善或不友善、礼仪或不礼仪，这些正是绝好的教育资源。

遗憾的是，很多教师都无视这个重要的教育资源，他们把这些"教育"看作是班主任的事。事实上，学科教师首先是一名"教师"，其次才是语文教师、数学教师、音乐教师、信息教师……人的"道德核心素养""非智力核心素养"的培养，应该成为所有学科的首要目标，这就是老生常谈的"目中有人"。

教育的无处不在应该体现在教学之中。一个优秀的语文教师，对本学科的关键素养的培养应该了然于胸，他所要应对的，是活生生的课堂上学生表现出来的复杂情景。

对于人的道德素养、非智力素养的培养，来自现场的教育力量，远比文本的力量强大。课上，甲学生专注地听讲的眼神，乙学生专注地倾听的表情，一经教师捕捉，便是培育"专注力"的资源。学生接连失败了三次，终于迎来了克服难题的兴奋，一经教师放大，便是培育"坚持力"的资源。课上发资料，左边的同学拿到后，传给右边的同学，没有停留；同学主动将书放在中间，给忘带教材的同桌看，这是多好的"为他人着想"的例子。

课上有，课外也有这样的教育资源。作业订正了三次，错了三次，依然不急不躁；教师布置的作业，学生主动往前走了一步……诸如此类的事天天发生，抓住这些来自现场的"小"事，就是做了教育的"大"事。

当"学科教学"成了"人的教育"的重要平台，"学科教学"就自然而然地提升为了"学科教育"。优秀的教师，本质上都在做着"学科教育"的事。

作为"人"的存在，教师本身就是教育

25岁的斯蒂芬·茨威格去拜访罗丹。罗丹邀请年轻人参观他的工作室。就在这时，罗丹发现新作品有瑕疵，连续工作了几个小时，直到满意后扔下刮刀，才记起了茨威格。茨威格大受震动，恍然领悟：除了专注，成就伟业没有别的秘诀。

罗丹并没有用嘴巴告诉茨威格成功的秘诀。他的行为本身就是最好的"说"。教育的另一个名字叫影响，这个影响主要来自作为"人"的教师的一举一动。

暑假，教音乐的张老师来学校弹琴、练声，她说家里练怕吵着了邻居。我若是学生，张老师的行为影响胜过一年的音乐专业学习。

还有多少语文教师在学生面前展现自己的阅读习惯、写作习惯，学生便能像茨威格那样亲见语文教师对阅读和写作的热爱。我常想，学生普遍害怕作文，不是作文不好教、不好写，而是教作文的语文教师害怕作文。当教师集体恐惧作文，学生怎么可能不害怕作文呢？

周一国旗下唱国歌，国歌声稀稀拉拉，你仔细听便会发现，一起唱时教师从不大声唱；学生集会，整个队伍七歪八扭的，一旁的老师不都在看QQ、刷微信？

教育最伟大的力量来自"亲见的力量"。要培育学生"为他人着想"，老师你有这样的品行吗？要培育学生"遵守规则"，老师你能模范地遵守社会的规则吗？《餐厅里的教养》一文说，挑食的侄女去了美国一年，变得不挑食了。奥秘何在？用侄女的话说："假如每个人都把食物吃得干干净净，你还好意思剩饭吗？"山西小伙子在学校干活，干完活，已是午饭时分，总务处就请小伙子去食堂吃个便饭。小伙子吃完饭，站在泔水桶边，迟迟不离去。后来他对校长说，怎么倒掉那么多好东西，这些都是我们过年才能吃上的啊。回到《餐厅里的教养》，只要校长和教师以身作则，不但"光盘"，而且用面包将汤汁吸得干干净净，把盘子擦得锃光瓦亮……

"学高为师，身正为范"，几乎所有的师范院校都有这八个大字。学高，是学科能力；身正，则是从"人"的角度讲的。这些年，关注了教师的专业能力的发展，却忽视了教师作为"人"的示范性。因为每一个教师展现的不只是对本学科的理解、情感、能力，还展现了一个活生生的"人"的全部。学生眼里的教师是一个"全部"的人，而非知识传授的"教学工作者"。

教学之外由教师无意呈现出来的信息，对学生而言，具有强大的教育力量。因此，希望学生尊重国旗，有必要回头看看身边的教师；希望学生尊重劳动果实，有必要瞧瞧教师的行为举止；希望学生心地纯洁、孝顺父母，有必要考察教师和他的家庭。一群毫无绅士感的人不可能培养出一群小绅士。从"学科教学"转向"学科教育"，教师要经受的重大考验在于，不光作为学科的教学者，而是作为学生的重要他人，其一举一动对学生的生命成长都会产生影响。作为"人"的存在本身，教师本身就是教育。

有一种教育是听来的，有一种教育是看来的，有一种教育是干出来的。罗丹之于茨威格的教育就是干出来的。都说教师是"吃开口饭"的，其实，嘴巴上的育人，远远抵不上你行动的力量。

学科教学只是实施教育的平台

一位家长在电话那头感慨，管老师，你教的不只是语文，更在教做人。是的，语文只是我实施教育的平台。

课文《黄山奇松》写了迎客松、陪客松、送客松。我请学生分别用横线、曲线和虚线，画出相应的句子。好几个学生没带尺子，随手画得歪歪扭扭。一位学生用作业本当尺子，线也画得很直。我说："这就叫灵活。做事不只有一条路，一条路不通了，动脑筋去想、去找，一定有第二条路、第三条路。"一石激起千层浪，有的学生用笔当尺，有的学生用硬纸板当尺……三位学生上台朗读，但课文只写了一句话，该由哪位读呢？所有学生都伸着食指，指向第二位学生。我肯定了大家的答案,否定了表决的方式——我伸出整个手掌,掌心向上,指向了第二位学生,说:"这才是绅士的表决。"

《滴水穿石的启示》用正反面例子证明作者的观点。我请学生找两个正面例子,再找两个反面例子。说到反面例子,不少学生都转向了班上的某位同学。我走到小Z那里,问他为什么不转过去。小Z说,这会让人难堪的。我转向大家说:"这,就是为他人着想啊。"

我给学生一起定了规则,周一到周四,当日作业当日完成的,周五可以享受"无作业日"。个别学生订正拖拉,周五我单给他布置作业。一个月后,我找他谈话:"一些同学跑在作业的前面,练习册上没要求做的作业他们抽空做了,做的时候很开心——因为他们在做一件超越自己、超越老师、超越进度的事。今天来做明天的事的人是快乐的,也是智慧的,而用明天来补今天的事的人则是痛苦的。"这么一说,他醒悟了。

小Y同学,我接班时只能考个30来分。每次测试,会做的做完了他就坐着发呆。我问他愿不愿意给班级做事,他整理了班级的书柜,擦拭了电脑,我夸了他。中午,我把自己碗里的菜夹给他,说:"考试成绩不好,也可以过得很开心,很有价值。"

我是语文教师,但跟学生的交往并不局限于上课。中午带学生去食堂吃饭。小L伸头一看菜,走了。我问为什么,他说菜不好吃,不吃了。我对他说:"营养比口味重要,你正长身体,中午的营养很重要。"这么一说,小L去吃了饭。他单手拿着,我告诉他用双手端,汤汁不会洒出来,还为食堂阿姨节省了时间。吃好饭,我又对他说:"不喜欢吃的饭菜,你吃下了,对你的肚子有交代。人的一辈子,只要做好两件事:一件你喜欢的事,另一件你不喜欢的事。很多你不喜欢的事,做了对你也很有好处的,像中午的饭。"

人过中年,才琢磨起教育是怎么回事。我所做的无法涵盖"学科教育",然而教育需要这样去想,这样去做。完美是结果,而不是过程。没有残缺的、不完美的过程的持续推进,又怎么会有完美的结果?中年以后,我决定将自己的教育生命从"学科教学"里挣脱出来,交给"学科教育"。

本文刊载于《人民教育》2015年第17期

No.17：

构建"指向写作的阅读课"的理论思考与实践探索（一）
——指向写作的阅读课答疑

一、读者问：指向写作的阅读课就是"指向表达"吗？

表达有"书面表达"和"口头表达"之分。提"指向表达"来得中庸，别人抓不住把柄。提"指向写作"，容易被人说三道四，好像你自己研究作文教学，才把作文教学看得很重。只好用课标来辩解，"写作能力是语文素养的综合体现"。阅读是输入，光吃不下蛋，不算好母鸡。看了书，能吐出来，才算真本事。

口语交际要整到阅读教学中去，从"书面语"学"口语"，不说荒谬，至少牵强。村里大妈不识字，我就怕她，遇上她，我不开口，她也能跟你聊个没完。倒是读书不少的人，时常沉默寡言。口语的表达方式和书面语的表达方式，有相通之处，更有不互通之处。"不通"，才是其本质所在。口语表达的智慧特征在于它的现场性、交互性、即时性，这些，书面语没有。笔者的演讲能力不是看书看来的，而是听别人的演讲听来的。比如不管锤子手机好不好使就买了，老罗的演讲，我听了多次，得了不少营养，作为答谢，我就买了老罗的锤子。刘良华先生戏说，我怵管建刚听，他坐前排，一眼不眨地盯着你，别人哈哈大笑，他一脸严肃，一动不动。我不笑，我忙着琢磨，这里为什么安排这么个段子，这个段子怎么出来的？出来后怎么就有这效果？

一场精彩的演讲，不等于一篇精彩的文章。演讲实录要发表，还得花不少文字上的功夫，会"说"的人、有机会"说"的人，意思用嘴巴"说"出去了，言说欲满足了，往往就懒得写了。除非，有文秘帮他整理。这也不只我说，陈忠实先生也这么说。

"指向表达"的阅读教学，指向的几乎都是"写作"。我丢掉挡箭牌，不是不怕被人当靶子：总要有对象当靶子，射箭人的本领才会高起来。

二、读者问：指向写作的阅读课就是"读写结合"吗？

"指向写作"的阅读课，也不是传统的"读写结合"。

第一，"读写结合"的"写"，大都是理解内容的一种形式。"写"为"读"服务。指向写作的阅读课，倒过来，"读"为"写"服务，内容理解是基础工作，理解写作上的奥秘才是重点工作。如，苏教版第八册的《第一朵杏花》，文中有一段竺可桢和小孩的对话：

是谁喊得这么急？他赶忙走出书房，一看，就是前院的那个孩子。

"什么事情啊？"

"竺爷爷，杏花开啦！"

"什么时候？"

"刚才。"

"是第一朵吗？"

"是。"

对话省略了提示语。张老师请学生添提示语，以此来体会竺爷爷和小孩的心情：

竺爷爷笑了，问："什么事情啊？"

小孩一见竺爷爷，兴奋地喊道："竺爷爷，杏花开啦！"

竺爷爷俯下身子，亲切地问："什么时候？"

小孩眨着两只快活的眼睛，说："刚才。"

竺爷爷习惯性地追问了一句："是第一朵吗？"

小孩肯定地点了点头，说："是。"

提示语添得好不好，跟理解得对不对、深不深，有着密切关联。"写"的目的，在于促进内容的理解。真正的写作，有感而发，写自己的笑、自己的哭、自己的闹、自己的叫。上面的"写"，长此下去，学生的写作意识、写作观念，会有严重的偏差。指向写作的阅读课，怎么想，怎么教？

《第一朵杏花》写了两次杏花的开放。第一次，竺爷爷和小孩的对话，作者在提示语上花了心思，如"孩子有些奇怪""竺爷爷补充了一句"，提示语在后；"说着，竺爷爷弯下腰，习惯地问"，提示语在中间。第二次，作者省略提示语，不是作者不会写，而是故意不写。

"我有用处，明年你可要留心点。"一年后，小孩出色地完成了竺爷爷的任务，何等兴奋、急切。竺爷爷呢，多年来，一直没得到第一朵杏花开放的精确时间，这次意外收获，也急切、兴奋。省略提示语的对话，急促、急切。此处无字胜有字。

张老师所做的，仅是内容的理解，仅是基础性工作，我会再往前走一步：大家会添提示语，作者不会吗？作者为什么不写呢？不写的奥秘，才是写作的奥秘。不杀这个回马枪，学生理解了内容，误解了写作。

第二，"读写结合"的"写"，大都指"动笔写"。有些地方规定，一篇课文必须有一次动笔，否则不算好课。指向写作的阅读课，重在写作意识的培育，写作知识、技巧的渗透，如篇的意识、篇的路径、段的意识、段的方式、线索意识、读者意识、剪裁意识、剪裁路径等；指向写作的阅读课，旨在学生原有的阅读思维之上，增添一种新的阅读思维，关注作者的"怎么写"，而不在于马上动笔"写"。

第三，"读写结合"强调的"写"，大都为"写"而"写"。"读写结合"的教材研读，着力点在"写的内容"，而不是为着文中的适合学生的写法。指向写作的阅读课，着力点在"写的奥秘"，所揭示的写作知识、写作技法，与课文息息相关。当然，"写的内容"和"写的奥秘"合在一处，一箭双雕，那是最好。一箭射不到两雕，指向写作的阅读课，要探究"写的奥秘"。

第四，指向写作的阅读课，重篇感、段感。一次，请速记公司整理演讲稿，两三万字，一个段落也不分。公司的小伙也乐了，说，管老师，演讲中，你也没说"此处另起一节"啊。口语和书面语，第一个不同，书面语简洁；口语啰唆，可以重复，那在书面语，是一个不能容忍的坏毛病。另一个不同，口语不分段，没有篇感；写作文用书面语，要分段，要有篇感。儿童作文在篇构、段构上几乎处于原生态。

三、读者问：指向写作的阅读课会少了"语文味"吗？

指向写作的阅读课，旁人的第一反应，你过于强调工具性，忽视了人文性，会少了"语文味"。大多教师心里的语文味，就是美好的意境，情感的熏陶，唯美的朗读，感动的落泪。这些确是"语文味"。语文味，真的就"这些"吗？

语文语文，语言与文字，才是真正的"语文味"。周文叶先生说，"理解"和"运用"是个整体，"理解"也适用于写作教学，"运用"更是阅读教学的重中之重。"理解"最主要的、最关键的是理解文本，理解作者如何运用语言文字，而不是别的什么东西。苏教版第9册的《陶校长的演讲》，文末总结句：

如果我们每天都这样地问问自己，这样地激励和鞭策自己，我们就一定能在身体健康、学问进修、工作效能、道德品格各方面有长足的进步。

由此可知，陶校长的演讲包括四个方面：身体健康、学问进修、工作效能、道德品格。总结句里的四个内容的顺序，一定会跟文章里的顺序一致，请看：

第一问，自己的身体有没有进步？有，进步了多少？为什么要这样问？因为……

第二问，自己的学问有没有进步？有，进步了多少？为什么要这样问？因为……

第三问，自己承担的工作有没有进步？有，进步了多少？为什么要这样问？因为……

第四问，自己的道德有没有进步？有，进步了多少？为什么要这样问？因为……

身体健康，第一个讲，"健康是生命之本……否则，一切都将是空的"。

道德品格也重要，"道德是做人的根本"，根本一坏，全完了，为何末一个讲？

哦，演讲，第一个内容，大家听得认真；最后一个内容，也认真。重要的内容，陶校长放"第一"和"最后"，有道理。

能不能换个序？第一讲"道德品格"，最末讲"身体健康"？不能。开篇讲"道德品格"，会坏了听者的兴趣。首讲"身体健康"，接地气，听者的耳朵会竖起来。

"语文味"窄化为"情感味""道德味"，与语文教师多是班主任有关。从今往后50年，数学教师必须当班主任，数学教师就是当班主任的命。10年后，你去听数学课，也会充满了"情感味""道德味"。人文性不只属于语文。人文性是所有学科、所有教师的属性。数学教师首先是教师，其次才是教数学的教师；英语教师首先是教师，其次才是教英语的教师；美术教师首先是教师，其次才是教美术的教师……数学课本该有"情感味""道德味"，音乐课本该有"情感味""道德味"，综合课本该有"情感味""道德味"……一切教育都该有"情感味""道德味"。

"情感味""道德味"不是语文的专业属性。正如王尚文先生所说，其他课程的教师是为了了解它"说了什么"——呈现了什么事实、传播了什么知识、表述了什么观念等，即课文的言语内容；而我们语文教师出于培养学生理解与运用语言文字的能力这一独特目的，就必须关注课文"怎么说"，必须侧重课文的言语形式。

四、读者问：指向写作的阅读课会导致机械、枯燥吗？

指向写作的阅读课，容易走向机械吗？数学课更容易机械训练，可你听数学名家的课，是活泼的、有趣的、好玩的。奥林匹克数学，多深奥，多抽象。王老师教奥数，孩子们都说，奥数很有趣，很好玩，不枯燥。机械训练跟你所教的学科、所教的内容也没什么关系，而在于你的教学理念、教学方式。朗读训练，书声琅琅，不会机械吧？有些教师的朗读训练，很死板，很机械，动不动"把你的感情融入到你的朗读中去""你能读得再美一点吗""谁能读得更好一点"，学生不知道怎么把感情送到朗读里去，也不知道怎样才算美一点了,不明就里的学生,憋着嗓子,拿腔捏调。听课人的喉咙里,仿佛塞了块半生不熟的肥肉。什么是"机械训练"?缺少过程的训练,盯着结果的训练,学生遇到学习的障碍,教师不知道怎么为学生搭桥铺路的训练。指向写作的阅读课,比起传统的阅读课,更容易陷入机械训练。朗读训练,像于永正、贾志敏、支玉恒等名家都有不少经验,留心学来,总有招儿可借用。指向写作的阅读课,怎么上?如何一步步展开?能借鉴的少。

指向写作的阅读,给学生打开一个全新的阅读视角,一片全新的阅读风景。《钱学森》(苏教版第11册)的开头:

1955年10月1日清晨,广阔无垠的太平洋上,一艘巨轮正劈波斩浪驶往香港。一位四十来岁的中年人,迈着稳健的步伐踏上甲板。阵阵海风不时掠过他那宽大的前额。眺望着水天一色的远方,他屈指一算,已经在海上航行15天了。想到前方就是自己魂牵梦绕的祖国,他多么希望脚下不是轮船的甲板,而是火箭的舱壁啊!他,就是世界著名的科学家钱学森。

《轮椅上的霍金》(苏教版第11册)的开头:

他在轮椅上坐了40年,全身只有三根手指会动,演讲和答问只能通过语音合成器来实现。然而,他撰写的科普著作《时间简史》在全世界拥有无数的读者。

他就是"宇宙之王"史蒂芬·霍金。

"他,就是世界著名的科学家钱学森","他就是'宇宙之王'史蒂芬·霍金",两句相似。前句,能否像后句那样,独立为一节?大多学生认为可以。作者为什么不呢?教室里异常安静,一种丰富的安静,思维挑战的安静,内在的活跃的安静。《轮椅上的霍金》的下文,写"宇宙之王"的由来,故要强调;《钱学森》的下文,并非写其科学成就,而是爱国,故不宜突出、强调。学生自己发现,或点拨后发现,那种发现的喜悦,智力挑战的喜悦,溢于言表。指向写作的阅读课,时常有此类未知的发现。

以活跃的、热闹的标准来看,指向写作的阅读课,不够生动,不够吸人眼球。这也启示我们,指向写作的阅读课,要寻找更多好玩的方式,力求课堂活跃些,再活跃些,既有内在的活跃,也有外在的活跃。指向写作的阅读课,不是教师一味地"讲",学生要历经思考、推理、碰撞、冲突,常用手法有：①试错。作者没写的，故意让学生写，追问：作者为什么不写？或作者写了，教师删去，追问：作者为什么要写，不写不也通吗？②对比。出示原文与教师的改文，学生判断、选择。③类比。抽象的写作手法与生活中的相似形象、事件比较。④矛盾。设置矛盾，引发学生强烈震荡。⑤还原。还原故事中该有的情节，追问：作者为什么如此剪裁？⑥辨认。同一写作知识，出现在不同文本里，学生要能辨认，要能从外在的文字看到内在的手法。

太仓实验小学的倪建斌老师，教苏教版第5册的《石头书》，指向写作的"点"落在说话句。三年级的学生兴趣盎然，欲罢不能。

（1）说话句为什么要提示语呢？

倪老师删了说话句的提示语，指名分角色读。听读的学生边听边喊："错了，错了，第三句话，川川和磊磊一起说的。"倪老师追问理由。学生说，书上写着"他俩看了看面前这块光秃秃的石头，感到很奇怪"，"他俩，说明要一起读"，从而引出了提示语的重要性。

（2）生活中的说话为什么不要提示语？

倪老师拿着学生的文具盒，问"你的文具盒哪里买的"，学生作答后，倪老师问："刚才老师说话，要不要加提示语'倪老师拿着文具盒问'呢？"学生笑着喊"不用不用，我们都看见倪老师在问"。学生明白了，口头的话写成作文，没有了现场，用提示语才能分清谁在说话，说话时有什么动作、表情。

（3）提示语的位置为什么要变化？

倪老师用了个生动的类比：星期一，妈妈穿了新裙子，爸爸说，真美；星期二，妈妈又穿，爸爸说，很美；星期三，妈妈还穿，爸爸说，臭美；星期四、星期五、星期六，妈妈还穿，你和爸爸什么感觉？学生笑着说，不美了，天天穿不美了。人都喜欢变化，写作文也一样，要有变化才吸引人，聪明的作者把提示语的位置变化着写，不单调了。你看，写作上的奥秘，倪老师不生硬地搬来，学生自然学得有滋味。

五、读者问：指向写作的阅读课就是"讲评"课文吗？

时有学生说"我最喜欢上您的作文讲评课"。我就想，为什么阅读课不能像讲评课那样呢？指向写作的阅读课，的确受了讲评课的影响，然而真做起来，不是一回事。

第一，作后讲评课，用学生作文；指向写作的阅读课，用课文。学生作文的奥秘，大都浅显，好在哪里，孬在哪里，一眼能看出。课文没这么简单，好的作品，根枝外露的少，《黄山奇松》，迎客松写了三句话，陪客松写了一句话，送客松写了两句话，有人说，那叫详略得当。那为什么迎客松详、其他两棵略呢？有人说，迎客松名气最响。那为什么陪客松只有一句、送客松有两句呢？反复研读，发现写迎客松写了"地位奇"，另两棵没写，它俩没这地位，不用写。迎客松、送客松都写了"姿态"，陪客松直直的，直挺挺的树，大家都见过，不用写。原来作者考虑了"什么地方不用写"。三棵松树的名字由来，都写了，"迎客—陪客—送客"，一条龙服务，一个都不能少。作者考虑了"什么地方必须要写"。学生作文，字数乃头等大事，往往不大考虑"什么地方不用写"，这不是很好的指向写作的"点"吗？

第二，作后讲评课有朗读，指向写作的阅读课，也有，两者很不一样。讲评课的朗读，主要目的在于，小作者听到全班同学读他写的话，喜悦、兴奋、自豪。很多时候，全班读小作者的话，小作者不用读，就听同学读他的句子的声音，看大家读他的句子的羡慕嫉妒恨的表情。指向写作的阅读课，它的朗读肩负着正音，朗读能力的巩固性使用，感受语言的精彩，感受写作奥秘。讲评课上，出示学生的作文或语段，不存在理解上的问题，学生也不用巩固性地使用理解能力、理解方法。指向写作的阅读课，要巩固性使用中年段习得的理解能力、理解方法。

第三，学生作文是伙伴语言、伙伴文本，学生作文里的训练点，课上只要呈现，学生看了，不大有理解上、接受上的问题。看后，学生会想，"他能写出来，我努力一把，也能写出来""哼，我要比他写得更好"。呈现后，即可进入"练"。指向写作的阅读课，教师发现了写作点，不能像讲评课那样直接呈现，要将这个"点"还到文本中去，装作不知道，带着学生去探究、去发现，学生历经一个探索的过程，学生看不到、发现不了，老师假装看到了，推门，露出一条缝，让阳光照进来，学生循着光线往前走，终于恍然。

苏教版第 12 册的《烟台的海》，冬天的烟台的海，约 200 字；春天的烟台的海，约 140 字；夏天的烟台的海，约 200 字；秋天的烟台的海，约 140 字。四个段落，长、短、长、短，学生才发现原来写作也需要经营段落的长短，教师不能直说。请学生估算段落的字数，学生想不到，那就读板书"约 200""约 140"，有学生明白了。春、夏、秋、冬，四季之序。夏、秋、冬、春，也是序。《烟台的海》，冬、春、夏、秋，也是序。有的学生思考了，课文为什么以"冬"开篇？探究的过程，决不能省略，也正因此，指向写作的"点"，不易多，多了展不开。

　　小学课文大都改编过，改编过的课文没原文好，教哪个？原文的读者不是小学生，改编后的读者才是。教改编后的课文还是原文？从编者的角度，不难回答。当然，每一位语文教师那里，都有个性化理解，你找你的理由，我找我的依据，没标准答案，谈不上谁对谁错。

　　怎样的指向写作的"点"才是好的？不好说，说不上来。文章之法，没有高低。你说"黑虎掏心"好，还是"白虎掏心"好？不好说，打倒对手，即好拳。学生作文需要，好；学生作文不需要，学生领会不了，不好。不注意故事的分配，不注意故事的长短，不注意故事的内在关联，小学生写人作文的通病。

　　总体而言，指向写作的阅读课，作文味重了点。阅读课上得有点作文的味道，作文课上得有点阅读的味道。姓"读"或姓"写"，没关系，姓"语"就好。

本文刊载于《新课程研究（上旬刊）》2015 年第 5 期
人大复印报刊资料《小学语教与学》2015 年第 10 期全文转载

No.18：

构建"指向写作的阅读课"的理论思考与实践探索（二）

——指向写作的阅读课答疑

六、读者问：低、中、高年级的阅读课如何渗透写作？

低、中、高年级的阅读课，所研制的教学内容，应有较大的区别。低年级的阅读课与中年级的阅读课，闭上眼，一听即明。不是教师的语气、语调儿童化一点，方式、方法多一点，而是教学内容本身有很大的不同。

我们以为，低年段主要指向"朗读"和"写字"，中年段主要指向"朗读"和"理解"，高年段主要指向"默读"和"写作"。低年级的朗读没抓好，读书没个样子，拿腔捏调，停顿划一，呆板无生气，中年级想改变，怎一个"难"字了得！低年级的字没抓好，握笔姿势不正确，书写习惯不好，若非痛下决心，中高年级改变的可能性很小。学科能力的获得，也有关键期。错失了关键期，后期付出数倍的代价也难换来当初稍加留意就能有的成效。

低年级的阅读课理解了读起来才有味，有的时候也要说写法。二年级小朋友读不懂《青蛙看海》，他分不清文中的对话谁说的。文中，"提示语在前""提示语在后""提示语在中间""省略提示语"，四种写法全有了，这个不讲，会有学生一头雾水，不知所云。然而，内容的理解、写法的理解不应成为低年级的教学重点。低年级学生，多用整体来学习，朗读是整体感知的重要手段。中年级也会斟酌字词句，却不应成为中年级的教学重点。我和我的团队也对三四年级的课文进行指向写作的阅读教学研究和实践，只是个案和尝试。

127

低年级，两年的朗读训练到位，中年级的朗读稍加注意，学生就读得有味了，省出的时间可以用到"理解"上来。阅读中的理解能力，中年级两年时间，够吗？

"阅读理解是个筐，什么题目都能往里面装"，阅读题五花八门、层出不穷：①看拼音写词语。②写近义词、反义词。③填关联词语。④组词。⑤填标点符号。⑥解释词语。⑦给短文加题目。⑧仿照文中句式写话。⑨找出文中某一段话中的错别字。⑩根据文中句子选合适的词语。⑪说说文中开头或结尾等的写作方法。⑫把文中带问号的句子改成不带问号的句子。⑬把文中不带问号的句子改成带问号的句子。⑭把文中的某句说话句改成转述句。⑮写几个如文中 ABAB 之类的成语。⑯文中所举的名著，你能写出它的作者吗？⑰诸葛亮复姓"诸葛"，你能再写出几个复姓吗？⑱短文是《三国演义》中的一个故事，你能再写两个故事的名称吗？⑲划出文中的一句过渡句。⑳请你想象一下，接下来会发生什么事……

跟出题的人"斗"题型，你永远斗不过。跟出题目的人"玩"躲猫猫，他在暗处，你在明处，输的只能是你。要练扎实阅读理解的基本功，基本功扎实了，有了火眼金睛，不怕他频繁地换马甲。小学的阅读理解的基本功究竟有哪些？①概括的能力和方法。②联系上下文理解词句的能力和方法。③联系生活谈理解的能力和方法。④寻找关键句、关键词来理解的能力和方法。⑤读懂言外之意的能力和方法。以上五项，中年段四个学期，几乎一个学期练一项就够了。

高年级，也要概括，也要联系上下文，也要寻找关键句、关键词，也要联系生活，也要读懂言外之意，但不是新授，而是巩固性使用。好比去驾校学车，开车是新手，教练要一步步地教，学员要一步步地练，全神贯注，马虎不得，不然非挨骂不可。开车两三年了，边听新闻边开车，边聊天边开车，这时开车就是巩固性使用、习惯性使用。高年级花在理解内容上的时间少了，教学的重心转移到写作奥秘的探究上。

大家担心中年段的阅读能力训练。能力训练，怕三天打鱼两天晒网，贵在锲而不舍、持之以恒。概括能力，此文想到就练，彼文没想到就不练；此文的概括，从题目入手，彼文的概括，没什么切入点，不干；此文的概括，从人物关系入手,彼文的概括,又没主意了,随它。用"关键句、关键词",按说,要由易到难,一步步、有层次地推进,然而教材并没有给你这个方便。因此,我期待的教材,低年级的选文以"朗读"为线,选择适合朗读的;中年级的选文以"理解能力和方法"为线,每个单元或每几个单元,都有一个明确的理解能力的训练、理解方法的习得;高年级的选文以"写作奥秘"为线,选文所呈现的结构上的特点,表达手法上的特点,非常清晰,适合高年级学生的作文现状。

从"语文课"到"语文课程",课改给了我们超越教材的尚方宝剑,能不能用、敢不敢用是个问题。剑,用得不好,不只会伤人,也会伤自己。一旦误伤,给不给你疗伤,难说。教育改革要有底气,更要有勇气。有了突破的勇气,才有突破的可能。

七、读者问:是否每篇课文都要指向写作?

高年级,也不是所有的阅读课都指向写作。这不是自我否定,而是必要的清醒。

第一,古诗文不主张"指向写作"。①指向写作的阅读课,主攻白话文。小学课文里的白话文,内容理解上学生没什么问题。古诗文,内容上要搞明白,费时不少。②古诗文要精炼、凝练,学生作文要"温饱",要字数;古诗文讲音韵,也高于学生现状。③选编古诗文,主在接触、了解、诵读、积累;也有古诗文,主在教做人、教做事,如苏教版的《古今贤文》。

第二,语文教师功力不足,导致无法"指向写作"。我写不好现代诗,教学现代诗自然不能有效地指向写作。设若 A 老师,现代诗的写作高手,他教现代诗,定能从中发现很多写作秘密,进而找到高年级学生能接受的那些秘密。《小学生小古文 100 篇》,不少教师拿来用,大都止于读读、讲讲、背背,创始人朱文君老师带学生感受古文的节奏,学生用"之乎者也"改白话为文言……教师有内功,小古文也能指向写作。2014 年,"新经典·小古文"课程项目组、《当代教育家》杂志社,发起了"全国首届小学生小古文仿写、创编大奖赛"。不指向写作,小学生能写小古文?然而让一般无功底的教师教小古文，也指向写作很困难。

第三，确有适合道德教育、价值观教育的课文，不妨指向内容。人文关怀、道德关怀，每个教师的事；人文性、道德性，在于日常的教育生活。然而文以载道，有的课文的内容、意义，对学生当下的思想、认识确有很好的价值。《少年王冕》，写王冕的孝顺、好学。孝在哪里？①让母亲"安心"。母亲说没钱供王冕读书，王冕说在学堂里闷得慌，不如帮人家放牛快活。王冕的话，"安"母亲的"心"，孝。②让母亲"放心"。母亲要王冕处处小心，早出晚归，王冕一一答应。"白天在秦家放牛，晚上回家陪伴母亲"，不让母亲担忧，孝。③让母亲"暖心"。"遇上秦家煮些腌鱼腊肉，他总舍不得吃，用荷叶包了回家孝敬母亲"。王冕家穷，数月不闻肉是常事。母亲吃着"腌鱼腊肉"，心里暖烘烘。④让母亲"开心"。"春光明媚的时候，王冕就用一辆牛车载着母亲，到村上的湖边走走。母亲心里十分欢喜"，孝使然。孔子说："身体发肤，受之父母，不敢毁伤，孝之始也。立身行道，扬名于后世，以显父母，孝之终也。"家境贫寒，10岁放牛，王冕刻苦自学，看书、写字、作画，母亲看在眼里，更安心、更放心、更暖心、更开心。至今，我教《少年王冕》，依然没指向写作，依然讲安心、放心、暖心、开心。如今的孩子，太需要"孝"的教育了。

第四，为学生提供信息、方法的课文，也不宜指向写作。如苏教版第9册的《精读与略读》《读书莫放"拦路虎"》，意在学生能于日后读书，运用"精读"和"略读"，注意扫除"拦路虎"。

第五，要重申，绝大多数的白话文都可以、都有必要指向写作。名家名篇，痕迹不多，然仔细查看，亦有蛛丝马迹。苏教版的《船长》，即人教版的《"诺曼底"遇难记》，整体把握课文，理解船长的崇高人格，高年级学生不难，教学的重心移到写法上，如文中的省略提示语的对话——

就在这时，船长威严的声音压倒了一切呼号和嘈杂，黑暗中人们听到一段简短有力的对话：

"洛克机械师在哪儿？"

"船长叫我吗？"

"炉子怎么样了？"

"被海水淹了。"

"火呢?"

"灭了。"

"机器怎样?"

"停了。"

为什么不写提示语？必须不写：急切、紧张，尽在省略之中。

最后第二节，有这么一段：

船长哈尔威屹立在舰桥上，一个手势也没有做，一句话也没有说，随着轮船一起沉入了深渊。人们透过阴森可怖的薄雾，凝视着这尊黑色的雕像徐徐沉入大海。

船长抱着必死的决心，一个手势也没有做，一句话也没有说，获救的人们呢，大副呢，克莱芒呢，肯定有话，哭喊着劝船长："你不要那么傻，留得青山在，不怕没柴烧！""船长，规定是死的，人是活的，况且，这又不是你的过错！""船长，你就不想想你的妻子、孩子吗？""船长，跟我们一起走吧！"雨果为何不写？写了，阴森、肃穆，破坏了；船长那冷静到冷酷的形象，淡化了。

《船长》拍成电影，会有劝解的镜头吗？我猜有。文章不写，因为电影和写作的表现手法、表达奥秘有不同。

八、读者问：阅读中的意义理解真的重要吗?

没有一种学习，不要理解文本的意思。做数学题也要，而你不能说，意思的理解是解数学题的核心能力，数学题字面的意思，跟它所要训练的推理能力、解决实际问题的能力，不是一回事。数学题，一时不懂，读几遍，意思把握住了；实在不懂，老师轻点，学生也明白了。

读课文，要理解课文的意思，不理解课文的内容，怎么去理解课文怎么写的？我只是说，理解白话文的意思，没有你想象中的难，没必要花那么多的时间和精力。意思的理解，对于识字的人来讲，那几乎是自然反应。看电视剧，边上不用站个人解释，意思的理解有先天性。没有一部电影，很好看，

131

很感人，却要配个解说员。

　　读下的文字，好比吃下的食物，十有八九，不用按摩你的胃，也不用吃健胃消食片，胃天然地有消化功能。吃下的东西消化不了，要么吃错东西，要么胃有毛病。六年级的学生读六年级的课文，四年级的学生读四年级的课文，二年级的学生读二年级的课文，又是白话文，意思理解不难。中考，6门功课640分，阿弟考了236，其中的36分，估计判断题、选择题蒙对的。只好上班摸车床。摸了几年，成了小师傅，摸了几年，成了中师傅，摸了几年，成了大师傅，心思活了，自己干。自己干，真活了。有闲了，装斯文，看报纸了。怎么看？翻一下，扫几眼，不好看，翻过去。哪个吸引他，看上三五分钟，过了。几次三番，几次三番，我终于忍不住，问：阿弟，你看得懂吗？阿弟甩报纸，大怒：哥，我连报纸都看不懂吗？！

　　我怎么不担心呢？一个初中没毕业的人，中考语文不满40分的人，我能不担心吗？而生活中的他，读懂报纸的意思、杂志的意思，真的没有障碍。作者大都以普通读者为对象来写作，写的时候，多以普通读者一读就懂为基本目标。专业论著，另当别论。教学将文本的意思复杂化了，复杂到了作者也想不到的地步。凡要导演跑来解说才看得懂的电影，不是坏电影就是不该这个年龄来看的电影；凡要教师苦口婆心讲解才读得懂的文章，不是坏文章，就是不该这个年龄来读的文章。22岁读《菜根谭》，没感觉；32岁读，爱不释手。书的内涵，没到那年龄、那阅历，强求也没用。意思的阅读，边上不用站个人絮絮叨叨，哪怕此人是专家、教授。

　　高年级大多要预习，课文读了两三遍，内容十有八九知道了。以读为主，就这理儿。我们小的时候，语文老师教《王二小》：故事发生在什么时间？王二小遇到了谁？他怎么做的？敌人把王二小怎么样了？八路军怎么样了？问与不问，其实没多大区别。意思的理解，阅读的自然属性。多少年来，阅读的自然属性上，我们耗费太多，成效自然低。指向写作的阅读课，不是不要意思理解，而是取消那些不放心的、没必要的问。

　　有没有学生读不懂的？有。三种情形会读不懂文本的意思：第一，缺少相关的知识背景。如《船长》，哈尔威船长明明可以获救，偏偏选择"死"，背后有当时的"船在人在，船亡人亡"的契约精神。第二，缺少相关的生活体验、心智没到那程度。你让三年级的孩子理解"含情脉脉"？第三，遭遇新鲜的写法，如《船长》中的"面对死亡，他又一次运用了成为一名英雄的权力"。第一种情况，容易解决，出示资料或讲解，即可；第二种情况，往往无法解决，班上有学生情窦早开，理解了"含情脉脉"，环节看似顺畅了，实际呢，除了早熟的，其他人依然稀里糊涂；第三种情况，能解决而没有意识到要解决，即我所说的"指向写作"，理解作者写作上的奥秘。

理解写作上的奥秘，也会促进内容上的理解。苏教版第12册的《天游峰的扫路人》，两次写到扫路人的外貌，为什么分两次写？写作上的奥秘。第一次，以为是普通的扫路人，一般的外貌描写；第二次，言谈交流后，对老人刮目相看，细致的脸部描写。课文结尾："'30年后，我照样请你喝茶。'说罢，老人朗声大笑，笑声惊动了竹丛中的一对宿鸟，它们扑棱棱地飞起来，又悄悄地落回原处。这充满自信、豁达开朗的笑声，一直伴随我回到住地。"删去"笑声惊动了竹丛中的一对宿鸟，它们扑棱棱地飞起来，又悄悄地落回原处"，完全通顺，为什么要写"宿鸟"？鸟儿也舍不得好山好水，一如老人。写作奥秘的理解，推动了学生对意思的理解。"怎么写"的基础是"写什么"，反过来，理解了"怎么写"，回头看"写什么"，清晰了，恍然了。"形式主义"这个中性词，冤屈成了贬义词，一讲"形式"，就有"形式主义"的嫌疑。形式很重要，仪式很重要，"八礼四仪"很重要。

意思理解是我们的基础，但我们追求的不是意思理解。课文内容的理解本身不是目的，理解的背后，站立着"为什么写""为什么这样写"。

九、读者问：指向写作的阅读如何渗透思想教育？

指向写作的阅读课，不是不要人文性，不是不要情感、态度、价值观，而是要理性地看待人文性，理性地看待文本的情感、态度、价值观。

第一，人文，拆开解，"人"比"文"重要。教师这个"人"，重于他手里的"文"。教师自身的情感、态度、价值观，胜于文中的情感、态度、价值观。情感、态度、价值观，友人、圈子、办公室、教研组，一切由"人"组成的身边的团体的影响，比书的力量要强大。办公室文化、教研组文化、教师社团文化，对教师的教育态度的影响，比苏霍姆林斯基的著作要强大，不然，发苏氏的书，教师都热爱教育了。升国旗，学生唱国歌，有气无力，你吆喝，响了一阵，又断气喇叭了。为什么？有几位教师在大声地、饱含激情地唱国歌？国旗下讲话，学生站没站相，小动作不断，你呵斥，管了前头，后头乱了；管了后头，前头闹了。为什么？有几位教师好好听的？这个发QQ，那个刷微信。升国旗，教师排成行、站成列，教师嘹亮的歌声盖过学生，学生自会变化。

第二，教师的深度解读，听课听来的，参考书看来的。教师所讲的态度、价值观，不是本身具备的，是照着资料念出来的。"善"的对立面不是"恶"，"善"的对立面是"伪善"。《笑傲江湖》里的岳不群，比左冷禅、任我行可恶一百倍。"人文性"的对立面也不是"工具性"，而是"伪人文性"。讲台上，教师慷慨地讲"孝"，背地里，教师不孝；讲台上，教师讲正能量，背地里，教师没啥正能量；讲台上，教师讲"意志力"，背地里，教师也没啥意志力。放眼当今，扪心自问，我们有多少教师打着"人文性"的旗号，做着"伪人文性"的事？真实的，接地气的，不拔高的，点到为止的情感、态度、价值观，背后的意义更为重要、重大。教学《船长》，我真诚地说，有各种理由哈尔威船长可以不死，而他选择了尊严地死，若我，做不到。学生也真诚地说，我也做不到。我说，正因我们做不到，船长才尤其可敬、可佩。

第三，好的文本本能地有侵蚀力。你在情感、态度、价值观上，所用的力越少越表明文本的好、文本的妙。一篇课文，学生自个儿读，不掉眼泪；教师一教，掉眼泪了。那不是课文的力量，也不是语文的力量，而是煽情的力量、音乐的力量、视图的力量。情感、态度、价值观上，要教师花大力气，那文本的表现力、感染力必有问题。

第四，我不否认阅读的潜移默化的教化功能。然而，很多人一厢情愿地夸大了阅读的功能。"爱读书的孩子不会变坏"，它的欠妥性，正像"爱运动的人不会生病"，职业运动员大都不长寿。人的道德进步，本质在于自省。你可以在读书中自省，也可以在电视中自省，在日常的点滴生活中自省。"见贤思齐、见不贤自省"，这个"见"，可以是生活中的"见"，也可以是书中的"见"。"见"不是根本，"自省"才是。人的社会，总有假、丑、恶。"见"什么不重要，重要的是你"见"后"思"了什么。见到丑陋，思"自己不能这样子"，那就对了。

无线网络的普及，智能手机的普及，迎来了一个看视频和看书一样方便的时代，一个看歌剧和看书一样方便的时代，一个音乐会、歌剧、电影随身带随身播的时代。书籍受到了严峻的挑战。电影《小时代》里的奢华，对青少年的腐蚀力超过你的预料。电影、电视、视频，对人的情感、态度、价值观的影响，在今天，已经超过了书籍。昨天的柯达胶卷，今天只能破产；昨天的橡胶热水袋，面对电暖宝，只能破产。明天的3D打印，也将令许多自以为老大的产业破产，书籍也将面临这样的尴尬。

第五，有段时间，校园砍杀接二连三；有段时间，姑娘接二连三失踪。媒体报道那些事件时都在谴责犯罪分子。依据模仿犯罪学说，犯罪分子正是看了报道才下了作案的决心。一部反贪作品，有人读出了正义，有人记住行贿、笼络的招。读书，不在于书中有多少高尚的人，而在于读的人关注什么。关注什么，取决于骨子里有什么。鲁迅说读《红楼梦》，经学家看见《易》，道学家看见淫，才子看见缠绵，革命家看见排满，流言家看见宫闱秘事……

"三岁看大，七岁看老"，心理学家也认为，人格塑造的关键期是三岁到七岁。播下情感、态度、价值观的种子，最重要的老师，名字叫"父母"。中国最失败的不是学校教育，而是家庭教育。年轻人生了小宝宝，没一点教育学、儿童学、心理学知识，全凭经验，这是常态。有甚者，小宝宝丢给爷爷奶奶，自己潇洒去。俞敏洪看不惯了，说，中国有50％的家长在竭尽全力爱孩子的同时，也在把孩子毁掉……

种子的力量是巨大的，不信你去看看《种子的力量》。有的时候，上面是块正义的石头，邪恶的种子也会将它掀翻。多年前我在村小，一个夜晚，我沿右道骑车，猛然，一个浑身黝黑的男孩，朝我撞来。我问男孩怎样了。男孩说"没事没事，管老师没事"。他认识我。男孩的妈妈从后面赶来，问男孩疼不疼。男孩说"不疼"，那女人提高声调，喝问："到底疼不疼?!"男孩连忙蹲下，说"疼，疼"。那妇人要讹我。我认得她，有名的泼妇，也不纠缠，给钱了事。后来，那男孩进了少管所；后来的后来，一到18周岁，那男孩去监狱了。

总之，情感、态度、价值观光扣语文的头上，不是道德的光荣，也不是语文的光荣。德育不是一个具体的工作，也不应由一个具体的人承担。香港的教师被明确告知，不用做学生思想工作，全欧洲和美国，没有"班主任"一说。儿童的情感、态度、价值观，关乎整个社会；儿童的情感、态度、价值观，整个社会的责任，家长、社会都有责任，而不只是学校，不只是教师。承认教育的局限性，承认语文的局限性，不是消极，恰是清醒。如此，教育可以全面用力，语文也可以轻装上阵。

工具性、人文性，三七开，可以；四六开，可以；二八开，也可以；六四开，可以；八二开，也可以。主张不同，流派不同，才精彩纷呈。指向写作的阅读课，偏重于工具些，课标说"工具性与人文性的统一"，工具性在前，人文性在后，此间的顺序，或非无意之举。

十、读者问：一般阅读与指向写作的阅读有何区别？

学校扎扎实实地做课外阅读，学生读了不少书。看五年前的毕业班的作文，再看现在的毕业班的作文，没啥两样啊。教导主任疑惑了：为什么读了那么多，学生的作文没变化？

看几十年的书，不一定能写出一本书，正如看几十年电视的你，不能拍出一部电视剧。"书读多了自然会写作"的谬误正在于此。"熟读唐诗三百首，不做作诗也会吟"，现在的你，背熟300首唐诗，"不会作诗"几乎是必然结果。

语文课堂里学语文的学生，他们的阅读和一般的阅读有着根本的区别。一般人的阅读，可以是浏览性阅读、消遣性阅读、娱乐性阅读、信息性阅读，语文课上的阅读则是专业性阅读，语文课上学生是专门来学语文的。而语文最核心、最综合的素养是写作。

指向写作的阅读思维，是学生最欠缺的阅读思维。此阅读思维一旦形成，学生的阅读品质会发生"质"的变化，教导主任的困惑也就迎刃而解。记者王小兵采访我的作文教学。小兵说，管老师，阅读对作文的作用很大。我侧耳恭听。小兵摄影记者出身，刚进报社，他拍照，别人写文字。总编说人手紧，拍了照，小兵你自己写稿。没办法，小兵找来旧稿，看文字编辑怎么写的。半年后，总编说，小兵照拍得好，文字也不赖啊。小兵的阅读，指向写作的阅读。重读旧稿，小兵关注什么？关注怎么写出来的，文字怎么跟照片配的。

苏州大学的安子教授，钱仲联先生的关门弟子。安子的博士论文，钱老要求用文言。安子说，我抄钱老的文言稿，边抄边琢磨，怎么用词，怎么用之乎者也，怎么反问，怎么强化语气……安子的抄读，指向写作的阅读。每一个写好作文的人，几乎都在有意无意中，闯进了指向写作的阅读世界。多年前，叶圣陶先生说："我以为，阅读教学教好了，就不必搞什么作文教学了。"怎样才是"阅读教学教好了"？我以为，必须"指向写作"。不"指向写作"，不去看表达的奥秘，怎么可能写好作文呢？

"从前我看文学作品，摄引注意的是一般人所说的内容。如果它所写的思想或情境本身引人入胜，我便觉得它好，根本不注意它的语言文字如何。反正语文是过河的桥，过了河，桥的好坏就不用管了。"朱光潜先生反思自己，阅读上的不专业，走了弯路，"近年来我的习惯几已完全改过。一篇文学作品到了手，我第一步就留心它的语文。如果它在这方面有毛病，我对它的情感就冷淡了好些：我并非要求美丽的词藻，存心装饰的文章令我嫌恶；我所要求的是语文的精确妥帖，心里所要说的与手里所要写出来的完全一致，不含糊，也不夸张，最适当的字句安排在最适当的位置。"

简单来说，先前，朱先生关注内容；后来，朱先生关注表达。语文课上的学生，读书要有两只眼睛，一只眼睛看"写什么"，一只眼睛看"怎么写"。指向写作的阅读课，重在练学生的第二只眼睛。有了成效，是否可以如叶老说的"不必搞什么作文教学了"？不是。指向写作的阅读课，不能解决作文的所有问题。

第一，无法解决学生的作文动力。唤醒学生的写作动力是作文教学最重要的事。让学生有持续的写的动力，就是最好的作文教学。它需要一整套的激励机制。指向写作的阅读课做不到。有兴趣的读者，不妨参阅拙作《我的作文教学革命》。第二，无法给学生以正确的好作文观。指向写作的阅读课，学生可获取专业的阅读思维，阅读中领悟写作的秘妙，往后的写作中，不期然地使用秘妙。这并不表示学生能写出真正的好作文。学生作文,要知道什么是真正的好的儿童作文。课文,成人所写,儿童得到的,什么是好的成人作文。作文教学要使儿童明白,真正的作文是用自己的话写自己的事。什么是"自己的事",什么是"自己的话",读者若有兴趣,可参见《"自己的话"写"自己的事"》(《人民教育》2015年第2期)。第三,学生有了作文动力,懂了什么是真正的好作文,也写出了不错的作文,作文教学还要做什么?作后讲评。讲评,以学生作文为文本;指向写作的阅读课,以课文为文本,两者无法替换。

多年来,作文是阅读的附庸品,作文向阅读靠,靠不靠得上,作文的问题。作文之难,高于阅读,阅读有必要向作文靠呀。指向写作的阅读课,换了"靠"的方向,开启新的征程,谋求贯通读写的新路。

本文刊载于《新课程研究(上旬刊)》2015年第6期
人大复印报刊资料《小学语教与学》2015年第10期全文转载

No.19：

指向写作：《水》读写课堂
——《水》教学实录与评析

执教/管建刚　评析/高子阳

一、复习检查

师：大家都预习了吧？

生：嗯。

师：考考你们，预习得怎样？第一问，文中的村子的人，吃水要去一个地方挑水，这个地方离村子多远？

生：10公里。

师：一个人一小时走4.5公里，10公里大概要走多长时间？

生：大概要走2个多小时。

师：第二问，对村子里的人们来讲，什么样的日子，是像过节一样美好的日子？

生：下雨天。

师：第三问，大热天，"我们"四兄弟渴死了。母亲没有用"渴"，而用了另一字，什么字？

生：饿。

【点评：三个问题设计巧妙，直指文本的关键点，将答案组合在一起就构成文章的主旨。】

师：不错。再考考你们的读书。先考你们字音。

（出示：一手拿着麦秆扇往我们身上扇风）

（生读，第一个"扇"读"shàn"，第二个"扇"读"shān"）

师往自己的脸上扇，生：扇耳光。

师："扇"做动词，读第一声，"shān"。耳光扇自己，那是后悔。人总要做错事，做错事的时候，要有一颗后悔心。

（出示：血管里血的流动在加快）

（生读，第一个"血"读"xuè"，第二个"血"读"xiě"）

师：鲜血、血管、血浆、血小板、血清、高血脂，这些都念"xuè"。发现没有，凡是医学的专用名词，都念"xuè"。单独使用，不组词，都读"xiě"。你看，他手上的血！

（生齐读）

【点评：两个多音字的形象化复习，看似平淡，细思可发现这两个字藏着两个世界，一个属于母亲的，一个属于"我"的。常言说得好：提领而顿，百毛皆顺。三问两字提其领也，接下来怎能不顺？】

二、内容把握

师：多音字，大家都读准了。课文读得怎么样？请你找一个能代表你们班朗读水平的女生。

（生找了女生，女生读第一节）

师：读得真好，就该这么读。一起读，看大家的齐读水平。

师：有一句话，你们读得特别好：水，成了村子里最珍贵的东西。

（找一生读，生注意了逗号。师读，没有逗号的停顿）

师：有逗号、没逗号，基本意思一样，不一样的在哪里？

生：不一样，有了逗号，突出了"水"，"水"的珍贵。

师：吹牛，你读给我听听看。

（生读，"水"重音，停顿）

师：是不一样，你不是吹牛。同学们，10公里，走要2个多小时。去了要回，来回要多久？

生：4个多小时。

师：挑一担水回家的路，光走，大约要四个半小时。还要排队啊。

生：排队1小时，那就是5个半小时。

师：去的时候，挑空的水桶，忽略不计。回来，肩上一担水，好几十斤啊。5个半小时，能到吗？

生：不能，至少要6个小时。

师：怕6个小时也走不到家。缺水到如此的程度。于是，作者说——

生（读）：水，成了村子里最珍贵的东西。

师：村子里十分"缺水"，一般地，都会写缺水的种种"苦"。作者不写"苦"，而是"乐"，两件"乐"事。第一件，在第二节，请你默读，用一句话说说，写了一件什么事。

生（默读后）：写下雨天，大人小孩痛痛快快地洗澡。

（师板书：下雨天洗澡）

师：这段话里，有一句写孩子们"下雨天洗澡"的句子，请画出来。

（师走动、批改，指出对或错）

生（齐读）：先是我们这样的孩子，全身脱得光溜溜的，在雨中奔跑跳跃，大呼小叫，尽情地享受水带给我们的抚摸与清凉，还仰起头，张大嘴巴，去吃来自天空的水。

（师板书：奔跑跳跃、大呼小叫。生读两个词）

师：缺水的地方，下雨了，那真是过节一样快乐，兴奋。再读。

（生读）

师：下雨天里洗澡的同时，孩子们还在干什么？

生：奔跑跳跃、大呼小叫、张开嘴巴吃雨水。

（师板书：奔跑跳跃、大呼小叫、张嘴吃雨）

师：女孩子们，会有什么日常的游戏，放到雨天去做呢？

生：会做游戏。

师：什么游戏？

生：丢手绢的游戏。

生：跳橡皮筋。

师：雨中丢手绢、跳橡皮筋，那叫浪漫。女孩子就这么浪漫。男孩子呢，还会在雨中干些什么事？

生：我们打水仗。

生：我们会去摔跤。

师：如果是我，一定会这样（师朝一男生的屁股上摸了一下）——摸你的光屁股。（众笑）我转身逃，他会——

生：追！

师：下雨天，像过节一样，开心啊。洗澡，雨水中玩耍、游戏。还写了第二件快乐的事，在四、五、六节。请默读，也用一句话，说说写了什么。

生：母亲用水窖里的水，给我们冲凉。

师：四兄弟冲凉，用了多少水？

生：一勺水。

师：再说。

生：母亲用水窖里的一勺水，给我们冲凉。

（师板书：一勺水"洗澡"）

师：一勺水，四个人，对我们来说，冲凉都算不上，对文中的四兄弟来讲，算得上是洗澡了。水，实在太珍贵了。一勺水"洗澡"，写到了四兄弟的两次反应。

（师出示：一缕水的气息扑面而来，我们都倒抽了一口凉气）

（生齐读）

师：请你"倒抽一口凉气"。——你不对，用嘴吸气，才是倒抽。

师：左边的同学读。

（生读）

师：读到"我们都"，你要用嘴吸一点点的凉气，就能读好。右边的同学读。

（师出示：顿时，藏于地下的水的清凉，再加上缕缕轻风，让我们都舒服得"啊啊"大叫了起来）

（生读）

师：这句话，这两个字，最难读。

（幻灯，圈出"啊啊"两字）

（生读）

师：你那不是舒服，是呻吟。（生笑）

（生读）

师：你那也不是舒服，你那是惊叫。（生笑）不管怎样，你记住，一勺水"洗澡"，试着想象一下，抽一口凉气，"啊啊"叫两声。

（回顾板书）

师：作者生活在一个缺水的地方，很苦。作者却写了两件"乐事"——

生：下雨天洗澡，乐；一勺水"洗澡"，乐。

师：这叫以"乐"写"苦"。

【点评：内容把握得真好！好的课文教学真的没有必要在内容理解上花费精力，因为绝大多数的读者有着不可估量的快速理解文本内容的能力。】

三、 详略选择

师："我"出生在一个缺水的地方，生活很苦。作者写了两件"乐"事：下雨天洗澡、一勺水"洗澡"。请问，哪一次的澡，时间长？

生：下雨天洗澡。

师：哪一次的澡，人多？

生：下雨天洗澡。

师：哪一次的澡，场面大？

生：下雨天洗澡。

师：哪一次的澡，发生的事儿多？

生：下雨天洗澡。

（生读板书：奔跑跳跃、大呼小叫、张嘴吃水）

师：一般来说，哪一次的澡，有更多的内容写，能写得更长？

生：下雨天洗澡。

师：数一数，下雨天洗澡，几节？

生：一节。

师：一勺水"洗澡"，几节？

生：三节。

师：数一数，下雨天洗澡，写了几行？

生：10行。

师：数一数，一勺水"淋澡"，大概几行？

生：18行。

师：这就怪了！下雨天洗澡，明明时间长、人多、场面大、故事多，偏偏写得少；一勺水"洗澡"，时间短，人少，场面小，故事少，却写得长，为什么呀？

生：一勺水"洗澡"，更能看出"缺水"，洗澡，只用一勺水。

师：这叫"典型"。作文，要把典型的事，写具体。

生：我觉得，一勺水"洗澡"，显得新颖。

师：对，作文，要把新颖的事，写具体。新颖，读的人才感兴趣，读的人感兴趣了，作文就成功了一大半。

【**点评**：歌德说："内容人人看得见，涵义只有有心人能得之；而形式对于大多数人是一个秘密。"作者在《水》中写了两种方式洗澡，怎么洗的，洗的感觉如何，这些内容不需要教，读者一看就明白，而为什么雨中洗澡只写一节10行，一勺水洗澡却写了三节18行，这种表达形式是秘密，教师不教，学生想悟得这个秘密那是相当困难的。传统的阅读教学只关注文本的理解，对这种秘密是缺少关注的，而如此关注，学生就懂得了什么样的事要详细写，什么样的事要略写。此处凭借课文教这个与写作相关的内容，也足以展现出什么是真正的教学。】

四、特写智慧

师：看来，作文不是"有话则长，无话则短"。要考虑事情是否——

生（读板书）：典型、新颖。

师：有的事，明明话很多，却不典型，不新颖，那就要少写。有的事，像"一勺水'洗澡'"，时间短，事儿小，然而，一定要写长，比"下雨天洗澡"还要长。这可怎么办呢？作者有一个秘诀，叫"特写"。这个"特写"，藏在4、5、6节的哪一节呢？请选择。

师：选择第4节，伸出4根手指。选择第5节，伸出5根手指。选择第6节，应该没有吧。——伸出你的手。

（生伸出5根手指）

师：请你们朗读第五节，我给你们的朗读计时，看这个特写镜头，你们读了多长时间。

（生读后）师：你们读了45秒。水，从头顶滑到脚板，不过几秒钟。作者的文字，要读45秒，长了10倍。作者怎样将一瞬间拉"长"的呢？奥秘在哪里呢？请你默读第5节，寻找哪个句子让你感觉时间慢下来了，一瞬间被拉长了？请画下来。

生（交流）："从头顶倾注而下的水滑过了我们的脸，像一条小溪流，顺着脖子缓缓地滑过了我们的胸和背，然后又滑过了我们的大腿和膝盖……"

师：画了这一句的，请举手。——我也画了这一句。这句话怎么就能让时间慢下来呢？

生：写了好几个地方。

师：几个？我们一起来数。

生：头顶、脸、脖子、胸、背、大腿、膝盖。七个。

师：哦，"滑过了"身上的七个部位，作文里的时间，可以这样慢下来的，读——

（生读后）师：七个部位，也可以很快的：从头顶倾注而下的水划过了头顶、脸、脖子、胸、背、大腿和膝盖。作者怎么让七个部位，慢下来的呢？

（生语塞）师：看，有几个"滑过了"？

生：三个。

师：三个"滑过了"，七个部分，放一起，时间慢下来了，读——

（生读）师：不会写的人，只会这么写：从头顶倾注而下的水慢慢地、慢慢地、慢慢地滑了下去。（生笑）会写的人，这么写——

生（读）："从头顶倾注而下的水滑过了我们的脸……"

师：我觉得还不够慢，还可以再来一个"滑过了"。滑过了"头顶、脸、脖子、胸、背、大腿、膝盖"，中间漏了两个地方：肚子和屁股。（生笑）

师：可以这么写：从头顶倾注而下的水滑过了我们的脸，像一条小溪流，顺着脖子缓缓地滑过了我们的胸和背，又滑过了我们的肚子和屁股，然后滑过了我们的大腿和膝盖……

（生笑）师：你笑什么呀？

生：我笑"肚子和屁股"，怪怪的。

师：你的感觉是对的。肚子和屁股，放在这里，不雅，不适合。

生：写三个也够了，"三"表示多。

师：三，在中国是个奇妙的数字。入木三分，真的是"三分"吗？约法三章，真的只能是"三章"吗？火冒三丈，真的是"三丈"吗？对，"三"表示多。看来，书上的这句，最好，最合适，再读。

（生读后）师：不看书读。（生背）

师：这句话中，水，刚到膝盖，还没到脚板呢。在哪里，作者又让"水"再待一会儿？

生（交流）："在水的滑动中，我听得到每个毛孔张开嘴巴的吸吮声，我感觉得到血管里血的流动在加快。"

师：如果说，上面那一句，是眼睛看得到的，那么这一句的内容不是看到的，而是——

生：感受到的。

师（板书：内心）：这感受，内心的感受。作者不只写外面的、看得见的水，还写流淌在心里的、看不见的水，也就是内心的感受。作文里的世界，有两个世界，时间就慢了下来。这又是写"长"的秘诀。读——

（生读后）师：写"毛孔的吮吸"的那一句，太有才了。我写不出。但我懂他的意思，你懂吗？

生：就是很舒服的意思。

师：是的，就是"舒服啊，舒服啊，好舒服啊"。不会写的人，写到这里，只会写：在水的滑动中，我感觉好舒服、好舒服，舒服死了。（生笑）作者太有才了，读——

（生读）

师：你写得出这样的句子吗？我也写不出来。读到自己怎么也写不出来的地方，我有一个习惯，背，背出来，占为己有。

（师背。生读、生背）

师：不光写外在看到的，还要写内在的心灵感受到的，时间就这么拉长了。同学们，我总觉得，不只文中的"我"，听到了毛孔的"吸吮声"，文中的四兄弟、母亲，五个人中，还有一个人也听到了。

生：母亲。因为她说"你们真的饿坏了"。

【点评：绝大多数的老师教《水》，都会关注这一段，我听过、看过几十位名优教师上过《水》，但以"特写"写作技巧来学习这一精彩之处者，管先生算是第一人。而教学参考书上也没有从"特写"上分析教材，由此可以推断，教学这一课的教师肯定会避开这一技巧，花大力气去理解内容。可以这么说，这一精彩，仅凭想象那是很难理解的，而指向写作却能一下子理解这一精彩。为什么？认识写作的技巧，可以帮助我们理解作者为什么要这么写。】

五、当堂迁移

师（根据板书小结）：缺水的生活，很苦。然而作者写了两件"乐事"——

生：下雨天洗澡，一勺水"洗澡"。

师：这样的写法叫——

生：以"乐"写"苦"。

师：这样写，你不只体会到了村里人的缺水，还能感受到，村里人缺水，但不缺乐观，甚至不缺乐趣。

师：同学们，我们高年级了，读书要用两只眼，既要知道写了什么，还要知道怎么写出来的。下雨天洗澡，时间长、人多、场面大、故事多，却写得少；一勺水"洗澡"，时间短、人少、场面小、故事少，却写得长。原来，详略的考虑，不只考虑好不好写，还要考虑——

147

生：新颖、典型。

师：怎样让很短的事儿，写得很长？

生：特写。

师：这篇课文，告诉我们"特写"可以这么写——

生：分步写、写内心。

师：我们高年级了，读书，两只眼睛，要看不同地方，一只眼读课文写了什么，另一只眼读课文是怎么写出来的，有什么秘诀和奥秘，这才是完整的读书。考考你的"另一只眼"。

（师现场演示找东西：左边的口袋里找，右边的口袋里找，里面的口袋里找）

师：写"找东西"，不会写的人这么写：所有的口袋都找了一遍，没有。学了《水》，你建议，怎么写？

生：要分步写，一个口袋一个口袋写。

生：还要写找的时候焦急的心情。

师：这样写，就精彩了。——今天有不少老师听课，大家的表现很不错，一开始"起立"的一刹那就看出来了。再来一次，给老师们看看。——上课。

（生起立，很整齐）

师："起立"，一秒钟的事，一秒钟的事情写下来，读起来有20秒、30秒，怎么办？

生：分步。

师：怎么分呢？

生：两腿并拢，抬头挺胸。

师：手呢？

生：手放两边，贴近裤子。

师：眼睛？

生：眼睛看着老师，炯炯有神。

师：对，这么写，分步了。内心呢？

生：可以写自己心里的紧张，怕出错，结果站起来都很好，很满意，很开心。

师：哇，一瞬间也有心情的变化，这么写，一秒钟的事，读起来有20秒、30秒了。——下课。

【点评：学习一篇课文而得一写作思想、知识、方法、技巧，那是了不起的收获！《水》这篇小小说，在特写技巧上真的非常突出，教学中抓住这一点训练，学生不仅得到一个写作技巧，也让这篇文章因这一技巧而长久地存于学生记忆之中。指向写作的阅读教学，能让许多文本学习不只是为了考试（考完即忘），因为许多作者在创作中都有独门绝技，得技不可能忘本。】

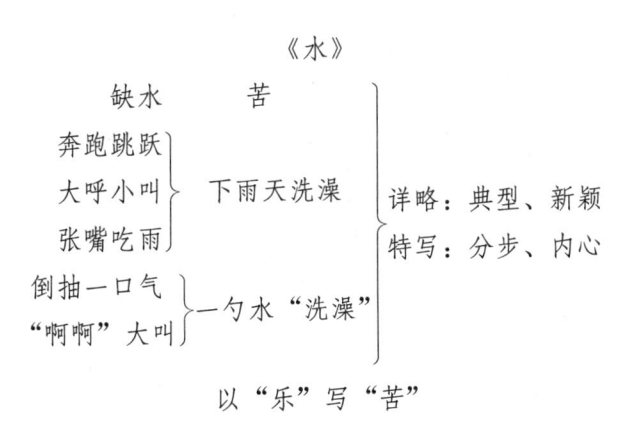

【板书】

《水》

缺水　苦

奔跑跳跃
大呼小叫　下雨天洗澡　　详略：典型、新颖
张嘴吃雨

倒抽一口气
"啊啊"大叫　一勺水"洗澡"　特写：分步、内心

以"乐"写"苦"

【总评】

听过许多名优教师上《水》，一直没有让我惊奇的教学，管先生真是例外。柏拉图、亚里士多德都认为，"惊奇"是哲学家的标志，是哲学的开端。人都是从"惊奇"开始哲学思维的。

有的教师把《水》上成了环保课，要求学生珍惜水资源，这样的课，怎么可能惊奇？

有的教师把《水》上成了童年的回忆，硬说文中的"我"是马朝虎。马朝虎的家乡在浙江，风景山清水秀，查他们那儿的历史，近百年都没有缺水过。这样的课，难以惊奇。

有的教师把几乎所有的情都揉进了课堂，读啊读，读啊读，读得让人心里发毛。这样的课，真的没有感觉。

有的教师还把这课教成散文，真不知道是凭借什么标准作出的文体选择。这样的课，总感觉是在欺骗孩子。

……

管先生这一课没有提文体，但却是以小小说的文体样式在教。创作小说时，作者对人称选择是讲究的，第一人称的目的就是让读者相信内容是真实的，好像发生在"我"的身上，一下子吸引读者。创作小说，作者不可能不使用大量的写作技巧，可以这么说，没有独特写作技巧参与的小说，那是不存在的。马朝虎这篇文章的选材很独到，两件事都是洗澡，第一件事洗澡是正常的，但这件事吸引力不足，如何才能把"饿水"的"饿"写出来？第二件洗澡事可以说充满创造性，应该是作者的原创，我本人永远难以相信这是真的，因为作者使用了管先生所说的特写技巧，让我忘记了对这件事进行真假判断，感觉这一切就是真的，那里的人真是"饿坏了"！这篇文章的成功之处就在此，真正抓住了读者，是一篇真正有说服力的写作。管先生这么教，给我很多惊讶，虽然我不是哲学家，但这一惊讶，让我有了很多思考。

管先生提出了"指向写作的阅读教学"，徐州有位教师曾在刊物上著文批判管先生的这一做法，说他的做法是游离于阅读理解之外的写作表达，这样教拖累了阅读和写作教学，是建于流沙之上的小楼，不牢固。管先生自提出这一改革思想以来，已上了好几次公开课，可以说一次比一次成熟，一次比一次有力量。而《水》的教学，管先生绝没有游离于阅读理解之外，写作帮助深刻理解文本，不仅没有拖累，反让学生更轻松地习得，从现场的教学中可以看出这种牢固。

指向写作的阅读教学是学生需要的教学智慧，这样的教学会给学生一个又一个惊奇，一个又一个哲学层面的思考与收获。

感谢管先生《水》的教学智慧，期盼因此有更多的指向写作的阅读教学案例，出现在你我他的课堂中。

本文刊载于《语文教学通讯》2015年第12期
人大复印报刊资料《小学语文教与学》2015年第10期全文转载

No.20：

作文教育的10组哲学追问

1."私藏"还是"发表"

《虎妈猫爸》里，茜茜有两个作文本，给老师看的叫"作业"，给自己看的叫"心里话"。作文要写真话、实话、心里话，但心里话有隐私，不能给人看。悖论产生了：不写心里话，不叫作文；写了心里话，又要藏起来。

"作文就是用笔说话"，说话的根本目的是与人交流。作文的根本目的，是拥有另一个"与人交流"的方式。

很多学生，多年来只写过一个叫"作业"的作文。没有人告诉他们这个常识：作文在本质上是写给别人看的，是要"与人交流"的。

作文和发表，不是婚姻关系，就是血缘关系。创建发表与交流的平台，应成为作文教学的要事。

写给别人看，获得外在的肯定；写给自己看，获得内在的安宁。前者，是过程目标；后者，是终极目标。不必也不能，用终极目标来要求小学生。

发表，有功利的嫌疑。然而99%的人，一辈子都在功利中。功利不可怕，只要功利的方向正确。一个人只有经历功利，才能超越功利。

写了心里话，不给老师看，那是缺少心理安全。改善作文生态，建立平等、民主的师生关系，心里话才会在作文里流淌。

2. "现用"还是"备用"

学生的作文里总缺了点什么，他们第一考虑的不是内心的情感，而是技术的运用。

内心有了不吐不快的冲动，情感的河流推着文字往外涌，那是最好的作文状态。儿童期，突出现学现用技术，犹如洛钦斯的首因效应，以后很难丢开。现学现用，理科或行，语文要沉得住气，学以备用。

可以"先写后教、以写定教"。一棵树，顺着生命内在的洪流，长出自己的模样，园艺师再依据它的样子作技术处理。写后的"教"，不影响作文的情感倾吐。

"训练"和"表达"可以分开。训练课就是训练，学生清楚那是"训练"。作文课就是作文，不讲技术，听从内心情绪的召唤。当堂习得的技术，用在当下的作文里，我不主张。训练所得的技术，应用在下次作文的不期然相遇里。

作文，情感第一，动力第二，技术第三。"情感"成了"技术"的奴隶，就像"人"成了"钱"的奴隶。"当堂习得""学以致用"，助长了作文的"技术至上"。

巴金说，我写作不是我有才华，而是我有感情。丢失了情感，也就丢失了作文的魂魄。技术时代，尤要警惕。

3. "真话"还是"好话"

高年级孩子叛逆、怀疑，他们不满丑陋、肮脏和缺陷，他们义愤填膺，直言不讳，不讲分寸。成人普遍喜欢"真话不全说，说的全真话"，那是成人的智慧，也是成人的狡猾。

没有人一拿起笔就"有选择、有分寸地说真话"。学生必然会经历没有选择、没有分寸。然而教育时常剥夺孩子犯错误的权利。

学生在作文上的表现，可分四类：正才、奇才、鬼才、痞才。教师普遍重视"正才",斜视"奇才",睨视"鬼才",狠狠打击"痞才"。哪知道今后叫得响的,也许是鬼才、痞才居多。

管理学大师德鲁克有一句很没"分寸"的话:一个人越好,他犯的错误越多。说错话、办错事,不只作文。不要对作文里的看法、说法、语调上纲上线,请记住,作者的名字叫"儿童"!

老师要向说真话、丑话的孩子致敬!

4．"多就"还是"多改"

老师们批作文,三圈两画,寥寥数语。当你批他马虎,他会叫冤:"多就少改",批作文的一大原则啊。

很怀念陈老师,他批的作文,到处红线、红圈、红字,总批比我们的作文还长。今天,能有几个学生怀有如此美好的回忆。不能不忧,"多就少改",成了一些人偷懒的挡箭牌。

"多就少改",要有个前提,教师愿改、会改,只因对象是儿童,不求完美,有意手下留情。然而,也不是所有的作文都如此。优秀学生可"多改",得了高分,不易自满。后进学生,不宜"多改"。中等学生分情况:内敛的,可"少改";张扬的,可"多改";高分的,可"多改";压分的,可"少改";送自信的,可"少改";送本事的,可"多改"。

"多就"还是"多改"?看实效,灵活用。有一点能肯定,写了作文,学生不知道好在哪里、不好在哪里,那基本白忙活了。

5．"多写"还是"精写"

作文要多写,写多少算"多写"?

大作文、小作文,一学期十五六次;单元考试、期中考试、考前作文,也有五六次,平均一周一篇。要求写周记的,平均一周两篇。学生做到了,奇怪,作文却没什么变化。

一个月写好一篇,比粗制滥造四篇要好。道理简单。运动队里,懒懒散散、吊儿郎当，一天练八次，不如练一次，练到热汗直流、腰酸腿疼、咬牙切齿。追求数量往往牺牲质量。

我的学生，一周写一篇，一学期下来，自己也看得出进步。奥秘在于，他们想在《班级作文周报》上发表一篇，须经过六次修改。修改如同和泥，反复揉捏，烧出的瓷器才均匀、光洁。马马虎虎写六篇，不如认认真真写一篇，竭尽全力改六次。

总在低水平重复，只会做"毛坯"。语文教师要有办法使得学生想改、愿改、改不出来还想改。

6. "规范"还是"自由"

"写话"的"话"与"说话"的"话"不同。学生平时说的话，是自己的话，不是教师的话，不是课文的话。平时说的话，东拉西扯，心里怎么想就怎么说。平时说的话，不一定连贯，会颠倒，会跳跃。

写话，不求优美、不求连贯、不求中心、不求正确。求什么？写话的热情。规范伤了热情，也伤了自由。低年级教师常苦口婆心，句子要完整，关联词要完整，连词要完整……到了高年级，"规范"反倒成了问题。

关联词是语言的"胶水"，能不用就不用，能用半个就用半个，学生却非"完整使用"不可。连词是语言的"拐杖"，帮你理清了顺序，拐杖可以扔掉，学生却扛着拐杖走。复句一般只要一个"我"，"我"的顺序不一定在前，学生却有几个"我"，且一律在前。

母语的规范，每个人心里都有，这个"有"，是模糊的"有"。起步作文，要的正是它。一清晰、强化，反而会僵化。

做人而言，过度自由比过度规范可怕；作文而言，过度规范比过度自由可怕。

规范和自由的中间地带叫语感。它无法教。承认教育达不到的地方，恰是教育的智慧。说到底，规范不难，难的是自由的灵动。

7."虚构"还是"真实"

"虚构"和"虚假",一张纸的两面,间隔0.1毫米,造成两个作文走向:一个朝向生命的光明,一个朝向无望的病态。

虚构,一种更高级、艺术的真实。"老师,能不能编一点啊?"那不是学生要用"虚构"表达"真实",而是没话了。

有人说,编故事,能发展孩子的想象力。一虚构,想象力就开发了,那么想象力也太小儿科了。只有深度的写作,才能开发想象力。虚构的真实,也不是简单地看有没有漏洞。如此虚构,只会制造出假话说得滴水不漏的高级说谎分子。

个别先"富"起来的学生,可以"虚构"。怎样算先"富"了?已打好"真实"的底,明白用虚构写出心中的真实。

默许或鼓励学生编造内容,可能会害了学生。

8."模仿"还是"创造"

"一兴奋"就"一蹦三尺高","一皱眉"就"拧成个川字","一有汗"就"豆大";"红扑扑的脸蛋"就"像一个红苹果","开心"就"像吃了蜜一样甜","介绍多个"就"有的、有的、还有的"……模仿过头,那叫"灾难"。

重复他人比重复自己更可恶。创造,保持永久热情的好方法。千万别说"小学生有什么创造力"!儿童是天生的诗人。没有束缚,心理安全,作文情绪丰沛,儿童的语言创造力就会汩汩地冒出来:

"他的眼睛特别小,睁着和闭着,没有多大的区别""世界上最遥远的距离不是生与死的距离,而是俊凯就在我身旁,他却不姓王""只听咯的一声,我压下去了,关节处很疼很疼,啊,我终于体会到了难产的滋味"……

"天生的诗人",上了三年学,却成了"屎人"。模仿是手段,不是目的。何况,作文的情感无法模仿,作文的看法无法模仿,心里长出来的,无法模仿。作文的模仿,要有两个必要的前提:表达的情绪和作文的冲动。失去这两点，就是冷漠的机器人。

知识和创造力有三种关系：正相关、负相关、不相关。不识字的老爷爷，也时有惊人之语。作文，可以有"别人的影子"，而不是拿起笔"成了别人"。所有的技术，都是为了完善自己，而不是丢失自己。

9. "先教"还是"后教"

作前指导，"先教"的代表；作后讲评，"后教"的典型。

先教后写，侧重教材；先写后教，侧重学生作文。前者以本为本，后者以生为本。两者选其一，后者为重。

"先教"，学生成了"指导"的奴隶，没人"指导"便站不起来；"先教"，学生依葫芦画瓢，离了"葫芦"，"瓢"也没了。那是虚假繁荣。宁要真实的贫穷，也不要虚假的繁荣；宁要不完美的真实，也不要虚假的真实。

教师不知作文教什么。我答，学生先写，你仔细看作文，就知道教什么了。教师至少要用三年时间，老老实实、认认真真研读学生的作文，作文的脉号清了、号准了，有行医经验了，才取得教的资格。

"后教"，则是检测基本功练到什么程度的重要方式。

10. "有技巧"还是"无技巧"

作文有没有技巧？很多教师答有，很多作家答无。有"技巧"，属"文字技巧"；无"技巧"，指的是"文心技巧"。

"文心技巧"和"文字技巧"，哪个更贴近作文本质？前者。作文教学老抱着"文字技巧"不放，因为文字技巧摆在纸上，文心技巧，则看不见、摸不着。

"文心技巧"怎么练？"发表意识"是核心。作文发表出来，催生发表意识；作文有人读了，萌生读者意识；读者眼睛雪亮，作者不敢说假话；发表成就作文，"作文"成为"作品"。

心灵敏感力需要不断开掘。引导学生不断地"看"内心。经常面对自己内心的人，心灵会走出粗糙，走向轻盈、敏感。

现象思辨力需要小心栽培。思考的深度与独特，决定了文字的深度与独特。洪水可以淹没村庄，也可以用来发电。与众不同的思考力，有待开发。

丢掉"文心"，急迫地播种技巧，会挤掉孩子的激情和梦想。

本文刊载于《人民教育》2016 年第 9 期

附录1：

《评价周报》引爆"作文教学革命"

浙江省奉化市尚田中心小学　杨小飞

作文教学，曾是令我痛苦万分的难题。学生怕写，他们觉得作文题材难找，生活就如一杯白开水，没有值得写的东西；教师怕教、怕改，因为学生写的作文，内容枯燥，语句不通，条理不清，中心不明。教师作前不辅导，有些学生咬着笔杆下不了笔；一辅导，写出来的文章就千篇一律，谎话连篇，漏洞百出。

但是，一年多来，我实践了著名特级教师管建刚的作文教学模式，在班上办了一份作文报纸——《评价周报》，竟收到了意想不到的效果。我们的《评价周报》办了37期，发表文章1000余篇，累计37万字。在这过程中，进行作后讲评37次。教室里，学生拿到《评价周报》的时刻，是最安静、最期待的时刻。我们的作文成果在《未来作家报》《宁波晚报》《奉化日报》等报刊上屡屡发表，学生们写的各种征文，也在市里频频获奖。如今，学生们写作文，变成了内心倾诉的需要，是乐事；教师改作文，是在享受心灵之约，是美差。我不用担心作文的真实性，不用考虑句子会不会不通，错别字会不会偏多，因为有全班的55双眼睛盯着，有家长们审查着，有校长室、教导处、大队部、德育处、任课教师、平行班的老师们关注着，学生们能不认真对待、扎实修改吗？办《评价周报》，着实让我尝到了作文教学的甜头，我感觉自己"快乐超过了累"！实践"管式作文教学"，我进行了一系列"革命"。

一、"思想革命"，以"创作发表"为目标，解决"为何写"的问题

让学生为内心倾诉而写作，为交流沟通而写作，为创作发表而写作，为有效的生存而写作，在写作中记下自己的智慧与实践，这就是写作的"思想革命"，即"头脑风暴"。经过"思想洗礼"后，学生成为创造性的思索者，他们写文章有了读者意识、发表意识，写作的理念变了，态度变了，出发点变了，写作成了生活的需要，成了心灵之声的流露。写作时，学生怀着发表的期望，心里装着读者，以愉悦之心思考着"为什么而写"的问题，他们就会写实话、写真话、写心里话，会写自己的看法、写自己与众不同的思考，文章中蕴含自己的真知灼见。这样，写出来的文章就会吸引读者读下去，让读者有感触、有收获、有反馈，然后再把这种感触、收获、反馈，通过笔端流露，整理成文，再发表，形成良性循环。《评价周报》就是这样一个展示学生"才情"的平台，书面交流的展台，自我表达的舞台。由此，学生写作文不再是完成作业，而是写征文；写作的态度由为写而写，刻意琢磨，到随心而舞，真情流露；学生的作文成了激情之作，真诚之作，用心之作。

生活在班集体中，师生间、生生间有些说不出口的话，在《评价周报》上可以交流；生活在家庭中，亲子间有些不宜当面讲的话，在《评价周报》上可以吐露。《评价周报》可以用君子之术解决争端，用文明之法解决矛盾。《评价周报》还是两难话题的辩论栏，班集体"整风运动"的曝光台，优良风尚的展示窗，"班级名人轶事"的光荣榜，"玩乐界流行趋势"动态图……发表与交流，成为学生们写作的目的。

二、"题材革命"，以"源于生活"为基点，解决"写什么"的问题

蹲下身来看孩子，感受孩子的快乐与忧愁；从学生的角度思考问题，急他们所急，乐他们所乐，你会觉得孩子的作文有意思、有见解、有嚼头。从孩子感兴趣的事出发，解放学生的心灵，放飞学生的思绪，拓宽思路，扩展

题材，从身边的小事写起，让习作的内容来源生活，让学生觉得一个人只要活着，就有话要说，就有东西可写，这就是《评价周报》的"题材革命"。

《评价周报》让学生的写作由苦、累、怕到甜、乐、勤，从不知何处找题材到睁眼遍地是题材。他们找到了写作文的技巧。如香同学以前是学困生，她最怕写作文，写的文章总是"兔子的尾巴"。可如今，她成了"班级小作家"，寻找作文题材也能独辟蹊径。看她取的作文题目就特别有意思："拜鸡为师""给小狗过生日""我是狗仔队教练""我要学习灰太狼""布衣当官记"……很有新意，文章读来也别具一格。我评价她写文章有创新意识，内容不落俗套，故事情节跌宕起伏。她受到了极大的鼓舞，笔头更勤了，劲头更足了，自信心树立了，自豪感、尊严感增强了。以前说她笨的同学都争相阅读她的文章，这让她很有成就感，学习上取得了很大的进步。还有楠，他是在《评价周报》上发表文章最多的作者，他写的文章生动有趣，总是在"诙谐的忠告""幽默的谩骂"声中让同学们接受教育。如《班上刮起流行风》，介绍下课时同学玩"西游杀"和"三国杀"，"胜利者"的欢呼声可以把屋顶掀翻，活动课上，连一向认真严谨的副校长也搬来椅子，正襟危坐，悉心学习"游戏大法"；《四大龙王》介绍班级里的"四大龙王"在下课时"打喷嚏"（拿水枪喷人），致使周围的"娜凯国"闹了"水灾"；《强大四人组》着重炮轰班级中的女生佼佼者——慧的"男人婆""母老虎""变色龙"作风，戏称"奥特曼就是被她给吓飞的"，慧见涛长得黑，指使三女生在涛额头上"画月亮"，称涛为"包青天"……他的习作大多因童真童趣，富教育性，被选为"好作文"，并在正式报刊上发表。

生活中的鸡毛蒜皮，花鸟虫鱼，草木山水，家庭琐事，父母不和，同学争吵，打闹，斗嘴，打架，评理，诉苦，不平，鸣冤，抱屈，反思，悔悟……都成了学生习作的题材。写文章有了永不枯竭的源头活水，他们写起来有兴趣，读起来有余味。《评价周报》解决了"写什么"的问题。

三、"操作革命"，以"日积周累"为循环，解决"怎样写"的问题

"作文可以改变一个人的生活状态，可以改变一个人的生命质量，可以让

一个人有尊严地活着、幸福地活着。实现这个转变的途径是'发表'。"特级教师管建刚用自己的亲身经历告诉我这个不争的事实。2012年2月开始，我也迈出了让孩子们实现转变的征程，我用坚持不懈的精神、坚定不移的脚步带领学生走上了"幸福的发表之路"。这条作文之路的起始点是进行作文"操作革命"。

　　简单地说，就是办一份《评价周报》。这与传统的习作教学——先指导后作文的教学过程，大相径庭。周一到周五，学生每天都按照教师的要求在本子上写"每日简评"，积累素材。字数多则几百字，少则几十字，不限长短，只要记录下当天自认为最有趣的、最有价值的题材即可。教师批改也不费力，浏览一下，知道个大概，然后根据素材价值，打上1—4颗不等的五角星。周末，学生在家里根据自己写的一周的素材，撰写"每周一稿"。星期一，教师让学生前后、左右桌互改稿件后，交上来，筛选出35篇左右的文章，敲上"初选录用，敬请修改"的印章，回家再改。初稿已收入了大多数学生的稿件，起到了大面积欣赏、鼓励的作用。但星期二的终选只录用其中的29篇，所以星期一晚上的修改作业，学生们会使出浑身解数，以保证质量。星期二，被教师选中的稿子上就会有"终选录用，请于星期四中午前输入电脑"字样的印章。于是，他们会兴高采烈地完成习作输入的任务，同时做到边输边改。习作输完后发给教师，教师再花3节课左右时间，与学生进行一对一的面批、斟酌，直至定稿。这个过程，教师真真切切近距离聆听学生的意见，学生踏踏实实倾听教师的讲解。遇到表述不清的地方，教师就询问学生，修改时尽可能原汁原味地保留小作者的创作意图。改完后教师简单排版，印制，A3纸正反面人手一份。办了十几期后，部分优秀生的能力迅速提升，他们的水平足可当一般学生的"老师"，顺理成章，他们成为"班级作文修改员"。如今，他们能独当一面，利用课外时间约自己的"徒弟"修改好录选的作文后，再发送给教师，这大大减轻了教师的修改负担，也促进了修改者自身作文水平的有效提升，可谓一举两得。

四、"讲评革命",以"作后指导"为阵地,解决"怎样评"的问题

"先写后教""以写定教",淡化"作前指导",强化"作后讲评",这是管建刚老师对作文教学的重要主张。遵循着前人开辟并实践了的"阳关大道",我一步一个脚印追随着。确实,如没有讲评,会使得一次次作文教学由于环节的缺失而断裂,前次习作无法为下次的习作蓄力;没有靶子的作前指导,也越来越演变成束缚思想的鸡肋。"重讲评"实则区分了作前与作后指导的不同功能,使得越位的作前指导退守本职,放弃冗余而枯燥的"打开思路",使两者各安其所。

《评价周报》既是学生"发表"作文的平台,又是我们的"作文教材"。我们的作文课也由传统的"作前指导",改革为"作后讲评"。以大面积欣赏和表扬为宗旨,讲评环节分"寻找亮点""发现不足""指导训练"三步。每个周末,学生们在家里阅读《评价周报》,评选出本期的"优秀习作"5篇。再在优秀习作中"寻找亮点""发现不足"。根据"亮点"写写感受,试着改改"不足",用批注的形式表现出来。有了阅读与思考的前提,讲评时,学生讲起来有章可循,有据可依。小到一个句子、标点,大到文章的布局谋篇、行文线索,学生都能说得头头是道。久而久之,学生就能把学到的东西运用到自己的习作上来。在这个过程中,穿插教师对文章的"精彩点评",起到"画龙点睛"的作用。讲评课的"指导训练",可以从学生文章的"精彩点"引领开来,也可以从"不足"处引申出来,让学生当堂说一说、练一练、写一写。或者,教师即时创造情境,让学生根据这个情境现场写话。如连续性动作描写,抓住人物特点进行外貌描写,人物表情的转变描写,人物对话描写等,在适当的时机渗透,要比单纯提出来练写更有说服力,效果更好。当堂训练,分解作文难点,让学生学会细节描写,这是训练学生写好作文的有效途径之一。

近期,我还试着用另一种方法来进行讲评。那就是打开学生投稿时的原件,与刊发在《评价周报》上的文章进行对比阅读。读后思考:两者有何不同?教师为什么这么修改?依据何在?优点何在?还有没有更好的改法?通

过比较、鉴别，让学生增强修改意识与能力，掌握整体架设文章结构的能力，体会修辞手法的精妙等，以读者的眼光审视作品，日渐形成自己独立的习作观，涌现更多的"创造性表述"。

《评价周报》，让学生写作时有"读者意识""发表意识"；让学生践行"生活即作文""只要活着，就能作文"的理念；让学生在"周而复始，却毫不厌倦"的"发表"中，品尝成功的喜悦，丰收的豪情；让学生在扎实有效的"作后讲评"中，收获连连。"思想革命""题材革命""操作革命""讲评革命"，引爆了我的"作文教学革命"。

本文刊载于《教学月刊》2013年第9期

人大复印报刊资料《小学语文教与学》2013年12期全文转载

附录2：

《作文月报》的校际联动实验

上海市徐汇区高安路第一小学　景洪春

小引

　　一直以为，做教师不能只脚踏实地，更需仰望星空。2012年9月，徐汇区教育局为我成立了名师工作室，使我开始思考怎样引领区内骨干教师提升专业水平。组织了面试之后，我才发现，校与校之间存在着差异，名师工作室的学员既有来自大型公办重点小学，又有来自小型民工子弟小学，虽同在徐汇区工作，但面对面的交流并不多，有些教师只顾埋头工作，甚至连管建刚都不知道……我忽然发现，校际联动可能是比较适合工作室的研修途径。

　　管建刚，一个如雷贯耳的名字，凭着他的《班级作文周报》，闯出了一条作文教学的康庄大道。在工作室成立之初，我们便来到了管建刚的学校，亲临管老师的课堂，直面管老师的风采，大家感受到了前所未有的震撼：管建刚的成功经历不就是那堂《滴水穿石的启示》的真实写照吗？向管建刚老师学什么？怎么走出工作室自己的专业研修之路？

　　我们来自十所学校，校际差异恰恰是不可多得的资源，以此建立一个交流平台，既能给学生提供发表习作的机会，激发他们的写作兴趣，又能架起沟通学校之间、班级之间、教师之间的桥梁，也能构建属于我们自己的作文技巧的训练系统，就这样，属于十所学校的《作文月报》应运而生了。

《作文月报》 从此启航

虽然没办过报纸，但我们知道，凡事预则立，不预则废。首先要把规矩定下来，事情才能做好。于是，我们草拟了《〈作文月报〉办报章程》，以下摘录其中的"操作细则"：

《作文月报》办报章程

1. 每月一期，A3纸大小，正反面印刷，不加中缝。

2. 交稿时间：工作室各位教师每月10日前提供4篇学生习作，上传工作室公共邮箱。每位学员轮流做责编，每月一次，负责编辑排版。

3. 选稿要求：选文凸显"童真、童趣、童心、童言"，兼顾所执教班级各个层面的学生，即便是病文，若文中有一两处闪光点，也可上传。

4. 改稿要求：所上传文章以"原生态"呈现为佳，教师只对错别字进行修改，其他不必修改，以供各位教师使用《作文月报》进行讲评。

5. 编辑要求：每月责编教师应及时将文章进行编辑排版，查缺补漏，编辑完成后以"《作文月报》2013年某月"的文件名在每月15日前上传公共邮箱。

6. 印制要求：工作室各位教师在每月15日后下载打印，再复印相应的份数发给本班学生。

7. 每月《作文月报》下发后，结合学生使用情况并根据工作室的活动安排召开一次编委会，以便查漏补缺。

8. 每期印刷份数以各位教师执教学生数为准。

章程确定下来后，大家分头忙碌起来。酷爱书法的丁慈矿老师特意从书法字库中选取了"作文月报"四字报头，使得这份报纸散发着浓浓的书卷气，马上就像模像样了；创刊号的责编汤敏老师找来了各类报纸的彩色模板，以便选用；钱滢老师精心设计了"稿件录用证明"，准备用来"诱惑"孩子们……

每编辑好一期报纸，我们总会聚在一起讨论：哪里办得好？哪里还须改进？尽可能地查漏补缺。记得有一期报纸上刊登了一篇五年级同学的微型小说《蔷薇盛开的季节》，一个特调皮的二年级小男生一口气将微型小说认真地抄写在自己的本子上，还做了精心的美化。他说，这个故事太感人了。还有的学校高年级学生自发地续写了这篇微型小说。学生的阅读兴奋点在哪里，哪里就是我们的办报方向。再者，学生既是读者，也应该是编者，让学生也参与到选稿、编辑的工作中来，报纸应该会更受学生欢迎。于是，我们又对《〈作文月报〉办报章程》进行了修改，增补了相关细则：

9. 每班组成一个编委会，负责本班稿件的审核，并根据本期稿件要求删选来稿。编委会学生名单公布在报纸上。

10. 每期所选文章力求文体多样化，含寓言、调查报告、小说、读后感等。

11. 责编所在班级推荐上期最受欢迎的一篇文章，并附上50字左右的评语。同时让学生评选本期最受欢迎的文章。

别小看每月40篇的稿源，事先要做大量的工作：首先是文章的来源。课堂作文大都是命题作文，中规中矩，很难达到"原创、鲜活"的标准，且每班四篇中必须有一篇是作文后进生的文章，这对教师的耐心也是一次考验。有时为了让一名后进生的文章里有一两处闪光的句子，教师和孩子反复讨论、斟酌、取舍……这一过程是艰难的，结果却是令人欣喜的。

也许正是因为《作文月报》的选稿兼顾到不同层次的学生，且这些文章均以原生态呈现，刊发前只对错别字进行修改，恰好为各校教师的讲评提供了广阔的空间，语文课程的资源得到了最大限度的拓展。

切磋琢磨　语言更"靓"

每期报纸出炉，学员们都会在各自班级评选出最受欢迎的习作，最精彩的一句话，用得最恰当的一个词或标点。孩子们还在报上圈出精彩的文题，如：《牛油果变成"三文鱼"》《剪出来的舞蹈》《卫生间奇遇》《我班的"乌鸦嘴"》《泳池囧事》等。根据投票，孩子们郑重选出当期报纸的前三甲。他们也会认真地在报上留下修改痕迹。工作室每两周组织一次活动，大家交流孩子们的评选结果和修改意见，学员们再回校反馈评选结果和修改意见。获得前三甲的孩子自然欢天喜地，洋溢着成就感，因为这是近 400 个同学选出来的。得到修改意见的同学也忙不迭地继续打磨自己的习作。

这是一位老师记录她组织学生修改《作文月报》的博文：

"其实，登上报纸的文章也不是十全十美的，老师想和大家一起找一找这篇文章中，还有哪一篇可以重新修改，使它也变得意犹未尽。好不好？"

孩子们的积极性被我调动起来了，他们发现刚刚还十分喜欢的《难熬的高速之旅》，忽然显得那样啰唆。

"拿出笔，用修改符号在报纸上直接改吧！"

"注意！你们再细致些，说不定会发现一些疏漏之处，比如'的地得'用法不准确之处，再如象声词缺少引号等等……"

"老师，您这是让我们修改病句嘛！"一个声音冒出来。

呵呵，竟然被他们察觉了，这群聪明的小鬼。不过，尽管如此，相比平时试卷的改病句练习，他们更加主动，充满快意。

又挑出一句："呦，是小仓鼠宝宝！1234567，居然有 7 个小宝宝！"

"这句话的标点是不是可以改得更好些？使作者的情感表达得更准确？"

"1234567 中间都要加上逗号，因为作者要数小仓鼠宝宝有几只，所以应该加逗号。"

"不对，应该加顿号。"

"还是逗号，数数时要一只一只地数。"

不巧的是，下课铃响了，我也意犹未尽："要不我们下节课不上课文了，再上《作文月报》吧！"

"耶——"一阵欢呼声中夹杂着"老师真好"，真是令人欣喜。

讲评《月报》　校校联动

每次工作室活动，大家总会情不自禁地讨论起上期报纸发下后班级的种种轶事。智慧的火花不断闪现，学员们也在悄然成长：

朱亚莲老师任教四年级，她做了个统计，学生第一周的周记中，有 27.27% 的学生是报流水账的；有 36.36% 的学生内容老套单一；只有

36.37％的学生描写的内容稍有意思。怎么办？她利用两期《作文月报》中的作文，引导学生找出具有浓厚生活气息、很有意思的作文内容读一读，并说说为什么这样的作文有意思。通过交流，学生发现生活其实并不单调枯燥，要关注发生在身边容易忽视却有意思的事，关注看似平常却有生活气息的事，这些都是绝好的作文材料。比如，《悲哀"三八线"》讲述的是"我"和童琳做同桌，以"三八线"为界，每天忍受她的语言"暴力"和行为"暴力"的故事。《"德国兵"》讲述的是放学后，爸爸教"我"用蚕豆做一个"德国兵"的事。在朱老师的推动下，学生的习作面貌发生了变化，先后写出了《补牙记》《小狗吃棒冰》《长不大的"老男孩"》等佳作。《作文月报》的选稿标准是"有意思"而非"有意义"。在儿童睁大眼睛观察世界、动笔作文之时，有必要事事强调高大全的"意义"吗？只要孩子自己认为是有趣的，认为是有价值的，他就可以自由地去写。

卫珏老师做责编时，恰逢学生临近毕业，为了能有更多的学生文章刊发出来，她别出心裁地设计了"有意思的题目"栏目：

"呆呆"综合征 ——袁嘉会

再见了，恐惧！ ——谢天行

小题大"作" ——张予思

"撒由那拉"动漫 ——朱宸玥

一个小粗心，害了一暑假——丁俊荣

长不大的"老男孩" ——胡晓颖

"吃货"吃水果 ——熊嘉琪

如果你把这些题目也用到课堂上去，相信你的学生一定会有所触动，这毕竟是来自他们生活的世界。

她还记录下孩子们的心声——

"卫老师，七八月份有《作文月报》吗？"我一愣："暑假里没有的。"

"那开学有的，对吗？"

"你们马上要成为中学生了，这份月报可是'小学版'的。"

没想到我这话音刚落，班级又闹腾起来：

"卫老师，你替我们留一些月报吧，我们回来看你的时候，你可以给我们。"

"卫老师，我能继续投稿吗？"

"卫老师，你接下来可能教的是一年级，他们没法写作文的，就用我的吧！"

"《作文月报》上还有其他学校五年级的同学，我们可能进同一个中学，太好了，可以以'报'会友了。"

在我的一堂《作文月报》讲评课上，一名学生举手："这篇《妈妈真辛苦》的题目不太新颖，结尾'妈妈，你真辛苦啊！我想告诉你，我以你为傲'不好，您不是告诉过我们，不要直接写妈妈真辛苦吗？这样太直白。还有，文章的对话没有分小节写。"这便是《作文月报》带来的意外惊喜：惊喜之一，学生得益。《××真辛苦》是教材上的作文，相关写作技巧及作文评价标准已深入人心，难怪他们一眼就看出兄弟学校同学作文的问题。惊喜之二，教师得益。《作文月报》就像一面镜子，可以照出各校教师不同的教学理念，从而及时调整自己的教学行为。惊喜之三，家长得益。在教育被过度关注的今天，这份《作文月报》倍受家长欢迎，他们认真阅读并比较已发表习作的优劣，再对照自己孩子的作文找差距，从而明确努力的方向。

在学员们的作文讲评课上，经常提的问题是"你认为哪些地方要修改""这篇文章中有没有非常想让别人记住的句子"。如果学生能看出别人作文中的问题并修改，往往要比多写两篇有用。学生在表达上有了追求，才会有锤炼语句的动力。自从"章程"中增加了一条有关文体的编排要求后，还有一些问题也经常被提出："这一篇像不像调查报告？""是不是在写信？有没有考虑到收信人的感受？"用这样的方法帮助学生初步建立文体意识和读者意识。

文章的修改不可能一蹴而就，需要逐步积累经验。只要动笔写，就有修改，或修正错误，或精益求精，在这一过程中，"言之无文，行而不远"渐渐成为了师生共同的追求。

本文刊载于《小学语文教师》2013 年第 10 期
人大复印报刊资料《小学语文教与学》2014 年第 2 期全文转载

后记：感

外出讲课，时有读者拿着书，请我签名，邀我合影。我不冷不热地伪装出矜持，内心满是温暖和感激。人是有虚荣心的。我的虚荣心在那一刻给喂得饱饱的。读者是作者的发动机。青年教师崇敬的眼神兴奋了我，也羞惭了我。写作于我，不是先天不足，而是谈不上有什么先天。我是在读者关切的目光里写啊写，才摸着了点儿门道。

写了豆腐干，投县城小报小刊，中了几次，胆子大了点；苏州的报纸杂志，中了几次，胆子又大了点；接着往省里省外投。1998年至今，看似顺风顺水，顺理成章，背后没有编辑老师、朋友的支持和鼓励，写作这张注定要一个人坐的小板凳，我未必能一坐20年。

"管大，我看到你的文章了。"

"管大，看你的文章不累。"

"管大，你的文章还蛮有用的。"

"管大，我们也办班级作文周报了。"

"管大，我们的阅读课也在指向写作。"

报刊在我和读者之间搭了一座可以往来的桥。长我10岁甘称"小管建刚"的非凡兄长，看了《我的作文教学革命》的连载，兴奋地打来电话。《不做教书匠》《做一名有奋斗感的老师》刊发后，我收到了很多老师的短信、卡片。《从"学科教学"到"学科教育"》发表后，不相识的校长们辗转打听到我的号码打来电话……

　　这些我都藏在心底,那是我在寒冷的冬天里,一个字一个字码下去的最好燃料。

　　2001年5月,《人民教育》第一次发我的文字——《孩子,到地球那边去看看》,七八百字。农村中心小学的青年教师在教育部的刊物上露脸,那份兴奋与喜悦至今仍留存心底。人大复印资料全文转载,我和大家一样,认为那是遥不可及的神话。人大复印资料的编辑们却如此平实,关注着一线教师。2013年,指向写作的阅读课的大讨论还未消停,人大复印资料联系我,要做"管建刚教改专栏"的专题转载;2015年,又做了"'指向写作'的阅读课"的专题转载。我由衷地感谢,也由衷地感慨,只要你用心做,《人民教育》、人大复印资料就在你身边,你不用抬头去找他们,他们就在首都默默地关注你。

　　2002年注册教育在线,结识新教育。2005年,人生的第一本书缘于朱永新先生主编的新教育丛书。本书中的文字,《人民教育》发过,人大复印资料转载过,以时间为序,请读者查验我十年的思考轨迹。

　　过去的2016年,我后半辈子不愿多提又无法绕过的一年。上半年老父亲去世,下半年老大哥出事。我几次梦见老父亲和老大哥,我开口要说话,可什么也说不出来;他们张口想告诉我什么,可我什么也听不见……

　　这个除夕有点冷。

管建刚

2017年1月27日

丁酉（鸡）年除夕

老家梅湾